KB051195

당신은 한국을 아십니까

KIMI HA KANKOKU NO KOTO WO SHITTE IMASUKA? MOU
HITOTSU NO KANKOKURON

© 2020 Takahiro Suzuki

All rights reserved.

First published in Japan in 2020 by Shunjusha Publishing Company.
Korean translation rights arranged with Shunjusha Publishing Company
through Shinwon Agency Co.

이 책의 한국어판 저작권은 신원 에이전시를 통해 저작권자와 독점 계약한
(주)푸른길에 있습니다.
저작권법의 보호를 받는 저작물이므로, 무단전재와 무단복제를 금합니다.

당신은 한국을 아십니까

또 하나의 한국론

스즈키 다카히로 지음
강장식 옮김

푸른길

들어가면서

일본 쓰시마(対馬)에서는 날씨만 맑으면 한국 부산의 고층 건물들이 육안으로 어렴풋이 보입니다. 겨우 50km 남짓한 거리니까요. 일본과 한국의 국민 대부분은 양국이 서로 사이좋게 지내기를 바라고 있습니다. 그러나 사이좋게 지내기는커녕 서로가 상대에게 새로운 문제들을 끊임없이 던지면서 좀처럼 그 거리를 좁히지 못하고 있습니다.

왜 한국 사람들은 일본군 위안부를 가리키는 '평화의 소녀상'을 세우고, 강제 징용 노동자들의 문제를 거듭해서 거론하고 있는 것일까요?

왜 한국에서는 정권이 바뀌면 전직 대통령이 구속되는 것일까요?

왜 일본 사람들은 치가 떨릴 정도로 참혹하고 공포스러웠던 역사를 직시하지 못하고, '미래지향'이라는 미사여구로 사람들의 눈과 마음을 돌리려고 할까요?

왜 일본인은 벌칙조항이 없다는 것을 악용하여 법으로도 금지하고 있는 '혐오발언'을 끊임없이 한국인에게 쏟아붓고 있는 것일까요?

한국의 역사와 현실을 살펴보면 일본 사람들은 이웃나라 국민인 한국 사람들에 대해 크게 착각하고 있는 점이 너무 많습니다.

일본은 한국 사람들에 대해 보다 더 따뜻하고 사랑이 가득한 마음으로, '따뜻하게 대접하는' 태도를 가지는 것이 오히려 당연한 것이 아닐까요?

이 책은 불행한 한·일의 역사를 되돌아보고, 정상적인 관계로 나아갈 길을 모색하고자 하는 열망으로 쓰게 되었습니다.

• 차례 •

10. 일본인이여, 한국에 친절하게

1
한국을 차별하는
유일한 나라 일본

모든 사람은 '차별 의식'을 가지고 있다

프로이트의 말처럼 인간이라는 존재는 본래 자신을 사랑하는 본능을 가지고 있습니다. 모든 사람은 이른바 나르시시즘(narcissism)을 가지고 있습니다. 만약 이것이 없다면 사람은 세상을 살아갈 수 없을 것입니다. 차별의 출발점은 여기라고 할 수 있습니다. 사람은 태어나면서부터 낯선 사람을 피하고 배제하는 경향이 있습니다.[1] 그러므로 모든 인간은 차별 의식을 가지고 태어난다고 할 수 있습니다. 이러한 차별 의식은 교육을 통하여 악화될 수도 있지만, 교육을 통한 개선의 여지도 얼마든지 있습니다. 그러나 여전히 인간은 본능적으로 차별하는 존재라는 것은 부인할 수 없습니다.

미국에는 오랜 흑인 차별의 역사가 존재합니다. 독일은 유대민족을 차별하여 6백만 명에 이르는 학살을 자행하고 말았습니다. 일본에는 부락 차별(출신 지역 차별), 아이누(북해도 원주민) 차별 그리고 조선인 차별이 있었습니다. 최근 2016년에는 조선인·한국인 차별을 개선하기 위해 '헤이트 스피치 해소법(혐오발언해소법)'이 국가에 의해 제정되었습니다. 이것은 일종의 이념법인 관계로 각 지방자치단체가 시 조례 등을 제정하면서 실제적인 방지 조치가 조금씩 마련되고 있습니다. 2019년 12월에 가와사키시(川崎市)에서는 헤이트 스피치를 하는 사람에게 벌칙을 줄 수 있는 시 조례가 제정되었습니다. 일본에는 아직 조선인, 한국인에 대한 차별이 존재하고 있습니다.

차별은 교육을 통해 해소해 갈 수 있다고 봅니다. 어른들이 아이들에게 "어느 나라에서 태어났든지 사람은 모두 동등하다."라고 가르치고 있다면, 아이들은 인종차별을 잘 하지 않는 사람으로 자랄 것입니다. 차별 의식이 완전히 없는 사람으로 성장하는 것은 불가능하지만, 인종차별이 나쁘다는 것을 알고 있는 아이는 다른 나라 사람들과 함께 사는 것이 가능한 사람이 될 것입니다. 반대로, "누구는 외국인이라서 나쁜 아이일 수 있으니 조심하고 함께 놀지 마라."라고 부모로부터 들어온 아이는 특정한 나라 출신 외국인에 대한 차별 의식이 뇌리에 박히게 될 것입니다.

일본인 고령자는 한국인을 차별하는 사회적 풍토 가운데 성장했습니다. 《아사히신문(朝日新聞)》의 여론 조사에 의하면, 현재 70세 이상은 7%만이 한국이 '좋다'라고 응답했고 41%는 '싫다'라고 응답했으며 절반에 해당하는 나머지는 '어느 쪽도 아니다'라고 응답했습니다. 18세에서부터 29세까지의 젊은 사람들도 '좋다'가 23%에 지나지 않습니다. 젊은 사람들 중에 약 절반의 사람들은 '어느 쪽도 아니다'라고 응답했습니다.[2]

한국의 문화체육관광부와 해외문화홍보원이 실시한 '2018년도 대한민국 국가이미지 조사'(16개국 8000명을 대상으로 온라인 설문 방식으로 조사)에 의하면, 외국인의 약 80%가 한국인에 대하여 긍정적입니다. 이에 반해 일본인은 겨우 20% 정도로 이상하리만큼 차이가 있습니다.[3] 이 조사는 한국 정부가 실시한 자국에 대한 호감도 조사이기 때문에 학문적 조사는 아닙니다. 그러나 여러 외국인은 한국을 긍정적으로 보고 있는 반면, 유독 일본 사람들만 한국을 긍정적으로 보지 않고 있음을 알 수 있습니다. 이러한 비정상적인 현상은 어디에서 온 것일까요? 이러한 한국인에 대한 일본인의 감정이 2019년 돌연 시작된 한일 냉각관계의 근저에 흐르고 있습니다.

일반적으로 다른 나라의 경우 어떤 특정 외국에 대해 '싫다'고 응답하는 경우는 특별한 이유가 아니고는 자숙하는 분위기입니다. 왜냐하면 그것은 매우 실례가 되기 때문입니다. 그런데 무슨 일인지 일본인의 한국 차별은 특이하다고 할 수 있습니다. 50대 이상의 일본인 중 33%에서 41%가 한국이 '싫다'고 대답합니다. 이것은 앞에서 언급한 2019년의 《아사히신문》 조사에서 나온 사실입니다. 일본인의 뇌리에 한국인 차별이 각인되어 왔기에 나온 결과라고 생각합니다.

'조선'이라는 명칭은 지금 북한의 수도 평양 인근 어느 지역의 옛 지명이라고 합니다. 남북으로 분단되어 있는 현재 북한은 그 조선이라는 이름을 국명으로 하여 '조선민주주의인민공화국'이라고 하고 있습니다. 남측은 고대의 삼한(마한, 변한, 진한)을 바탕으로 '대한민국'이라 하고 있습니다. 본서에서는 각각 '북한', '한국'으로 약칭합니다. 본서에서 양국을 '한반도'로 표기하는 경우가 많이 있습니다. 과거에는 '조선인 차별'이라는 용어가 사용되었지만, 현재는 '한국인 차별'이라는 용어가 많이 사용되고 있습니다. 제2차 세계 대전 전에는 조선인, 그 후에는 한국인이라는 용어가 일반화되는 경향이 있습니다.

일본인의 한국인 차별은 섬나라로서의 기질이 하나의 큰 원인이라고 봅니다. 일본인은 여러 외국에 대해 동경심을 가지면서 특별한 나라라고 보는 경향이 있습니다. 아직 성숙하지 못한 유아와 같은 모습이기도 합니다. 그러면서도 동시에 '자기가 더 뛰어나다'고 생각하는 경향이 있

습니다. 지금도 일본인이 어떤 대회에서 승리하거나 금메
달을 따면 메인 뉴스가 되지만, 그렇지 않으면 뉴스거리도
안 됩니다. 국민들도 언론인들도 세계화 의식이 약합니다.
외교관조차도 세계화 의식이 결여된 것을 자주 보게 됩니
다. 그들은 일본의 관료이거나 언론인이기 때문에 일본 중
심주의를 당연한 것으로 여깁니다. 그것이야말로 국제적
인 차별 의식에 기인한 것입니다. 이러한 의식의 바탕에는
섬나라라는 열등 의식이 깔려 있다고 할 수 있습니다.

　또 하나의 원인은 한국이 이웃 나라이기 때문입니다. 사
람은 자기 이외의 주변인에 경계심을 가지고 있습니다. 특
히 가까이 있는 사람을 경계합니다.[4] 방어 본능이 발동합
니다. 프로이트의 말을 빌리자면 나르시시즘입니다. 앞서
말했듯이 일본의 쓰시마와 부산 사이의 거리는 약 50km
정도이며 육안으로도 볼 수 있습니다. 이것도 차별 감정을
갖게 하는 요인이 되고 있습니다. 위험한 사람이 올 수도
있기 때문에 지리적으로 가까운 한국인에 대해 본능적으
로 방어하는 것입니다.

'자신에게는 차별 의식이 없다'라고 생각하는 사람이 사실은 제일 위험합니다. 일본인은 이러한 위험성을 많이 가지고 있습니다. 섬나라이기 때문에 외국인을 만날 기회가 적었기 때문입니다. 대륙의 민족은 육지로 이어진 이웃의 다른 민족을 늘 접하고 삽니다. 다시 말해 일본인은 본능적인 경계의 눈으로 '한반도의 사람들'에 대해 차별을 하게 되었고, 식민지로 삼기 위해 '조선인은 개화가 덜 된 사람들'이라는 세뇌교육을 받은 가운데 전쟁이라는 가혹한 역사를 통해 비뚤어진 시각을 갖게 되었으며, 심층심리 안에는 언제 보복을 당할지 모른다는 강한 두려움을 품게 되었다고 할 수 있습니다. 그러나 한국은 일본인이 차별할 나라가 아니라 오히려 존경할 만한 나라입니다.

지구상의 모든 사람에게는 차별 의식이 잠재되어 있습니다. 이 말에 동의하지 않고 반대하는 사람도 있을 수 있습니다. 그러나 이 또한 자기 중심적인 본능에 기인한다고 할 수 있습니다. 20세기 후반부터 21세기 초에 이르는 현재까지 인류는 많은 이동을 했습니다. 일본에도 외국인들이 계속 이주해 왔습니다. 이런 와중에 한국인에게만 특별한 차별 감정을 갖는 것은 모순입니다. 앞으로 일본인의 차별 의식에도 큰 변화가 일어나리라 봅니다. 그러나 인간 사회로부터 차별이 사라지지는 않을 것입니다. 이것은 인간의 깊은 죄성에서 비롯되었기 때문입니다.

차별을 없애기 위해서는 진정한 교육이 필요합니다. 어렸을 때부터 여러 인종과 어울리면서 성장하는 가운데 모든 사람은 존귀하다라는 것을 경험하고 교육도 받는다면, 차별이 적은 사회를 이룰 수 있을 것입니다. 지금 일본에서는 외국인 노동자들이 급속히 늘어나고 있습니다. 그중에 많은 사람들이 자신들의 나라로 돌아가지 않고 점점 일본에 동화되어 갈 것입니다. 프랑스에서는 노동력 충원을 위한 이민을 적극적으로 수용해 왔습니다. 인구의 1/3이 이민자의 후손들입니다. 하와이, 아르헨티나, 남아프리카, 미국, 독일, 프랑스 등지에서는 조금씩 심각한 차별 의식이 약화되고 있습니다. 이러한 지역에서는 여러 인종이 함께 살아가는 가운데 많은 경험이 쌓이면서 더불어 사이좋게 지내는 것을 배웠기 때문입니다. 인류는 인종차별 의식과 감정을 해소하기 위해 체험학습이 포함된 교육의 가치를 회복해야 할 것입니다.

사람은 다른 사람을 두려워하는 본능적인 죄의 기질을 타고나기 때문에 살아가는 동안 지속적인 교육을 통해 극복해 가는 노력이 필요합니다. 그것은 마치 살인하지 말라, 도둑질하지 말라라는 기본적인 윤리 교육, 인간 교육과 같은 차원입니다.

이 책은 새로운 국제화의 시대가 도래하고 있는 이때, 이상하리만큼 한국인을 경멸하는 일본 사회의 변화를 소망하는 가운데 쓰게 되었습니다.

섬나라 일본, 대륙 국가 한국

일본은 섬나라입니다.

한국은 대륙의 일부입니다.

양국의 사람들은 얼굴이 닮았지만, 그 속은 전혀 다른 기질을 가진 존재로 자랐습니다.

어떤 일본인 여성이 한국인 남성과 결혼하였습니다. 결혼하여 처음으로 민족성의 차이를 알고 놀라게 됩니다. 남편의 어머니, 즉 시어머니가 자기 마음대로 신혼부부의 부엌에 들어와서 요리를 한 것입니다. 시어머니는 "가족이 되었는데 당연하지."라고 말합니다. 한 걸음 더 나아가 "네

것은 내 것, 내 것은 네 것이나 마찬가지야, 우리는 가족이니까."라고 정색을 하며 말합니다. 며느리는 놀라서, "어머님! 아무리 친해도 예의(정도)가 있지요."라고 항변을 합니다. 친한 사이에는 예의는 별로 중요하지 않는 것이 한국인입니다. 지나친 과장일지 모르지만 말입니다.

일본인 입장에서 볼 때 한국인은 감정을 숨기지 않는 편입니다. 한국인은 순진하고 어린아이 같을 때가 있습니다. 그에 비해 일본인은 꼼꼼하고 치밀한 편입니다. 또한 한국인은 대범하고 느긋하며 태도와 표정으로 표현합니다. 하지만 일본인은 감정을 잘 드러내지 않습니다. 일본인은 상대의 입장을 헤아려 짐작하려는 면이 있습니다. 일본인은 찬성하면서도 한편으로 언제든지 반대하는 마음이 있고, 반대하는 듯하면서도 언제든지 찬성할 수 있습니다. 사람은 원래 그러한 존재라고 받아들이는 일본인에 반해, 한국인은 일반적으로 그러한 속마음이 따로 있지 않습니다. 찬성은 찬성이고 반대는 반대입니다. 따라서 세계 여러 나라 사람들의 입장에서 한국인은 일본인보다 훨씬 사귀기 쉬운 민족입니다.

한국인에 비해 확실하게 말하지 않는 일본인 문화 차이 때문에, 외국인은 일본인의 속마음을 알아채는 데 많은 시간이 걸립니다. 일본의 총인구 1억 2615만 명(2019년) 가운데 135만 명 정도가 외국에서 일하고 있습니다. 한국의 인구는 일본의 절반인 5127만 명 정도임에도 불구하고 718만 명 정도의 한국인이 해외에서 생활하고 있습니다. 일본보다 한국이 더 국제화에 앞서가고 있다고 말할 수 있습니다.

일본인은 근면, 성실하고 정적이며 원색이 아닌 색을 좋아하고 조심스러우며 감정을 겉으로 잘 드러내지 않는 기질을 가지고 있습니다. 반면 한국인은 열정, 충실하고 적극적이며 원색을 좋아하고 자기주장이 강하며 감정을 겉으로 드러내는 기질을 가지고 있습니다.

구분 의식은 하나님이 창조한 '인간'에게 중요한 기질입니다. 이것으로 인해 서로 경쟁하며 진보를 이루어 냅니다. 그러나 구분 의식은 곧 차별 의식으로 바뀔 수 있는 기질입니다. 차별 의식은 질투심과도 비슷합니다. 양쪽 다

인류에게는 필요한 측면이지만, 동시에 흉악한 사건을 유발하기도 합니다. 따라서 교육을 통하여 바른 길을 가르치는 방법 이외에는 차별 의식과 흉악한 질투심을 개선할 길이 없다고 생각합니다.

어린이가 세상과 물정에 대해 조금씩 분별력이 생기면서부터 "어떠한 사람이라도 다 똑같이 평등하단다.", "저 친구는 참 훌륭한 재능을 가지고 있구나. 그렇지만 너도 훌륭한 재능을 가지고 있단다."라고 배워 가야 '바른 구별 의식', '좋은 경쟁심'을 가지게 됩니다. 그것은 어렸을 때부터 가정교육 수준의 문제이지 대학 수준의 난해한 문제가 아닙니다. 부모가 '한국 사람은 훌륭한 민족이다. 다른 모든 민족도 훌륭한 민족이다.'라고 생각하고 있다면 그 가정의 자녀들에게는 오늘날과 같은 한일 문제는 일어나지 않아야 하는 일입니다. 조선인, 한국인 차별은 최근 100여 년 사이에 부모로부터 자녀들에게 그리고 손주들에게까지 이어지고 말았습니다.

한국인은 대륙적이고 당당하며 순진한 민족이라고 말

하였습니다만, 한국인뿐만 아니라 어떤 민족이든 범죄자는 있습니다. 살인과 강도 사건이 벌어지고 거짓과 속임수는 일상적입니다. 일본에서 한국을 좋게 평가하면 곧바로 반론이 일어납니다. 반론의 방법은, 어떤 한국인이 범한 범죄를 예로 들어 한국은 나쁜 나라라고 주장하는 것입니다. 자신의 나라를 포함하여 어떤 민족에 속해 있든지 간에 사람이라면 언제든지 죄를 범할 수 있는 위험한 기질을 가지고 있습니다. 민족이 다르다고 범죄 기질이 다른 것은 아닙니다. 어떤 민족이든 사람들이 모인 집합체라는 점에서는 다르지 않습니다.

차별의 역사를 배우는 것은 바람직하다

　미국의 사우스캐롤라이나주 안에 찰스턴이라는 도시가 있습니다. 아프리카에서 잡혀 온 노예들이 도착한 유명한 항구입니다. 거기에 '매그놀리아 농원 정원(Magnolia Plantation & Gardens)'이라는 흑인 노예의 역사를 배울 수 있는 넓은 시설이 있습니다. 그곳에 당시 노예 노동자들이 살던 작은 오두막이 있습니다. 흑인 노예들은 비참한 생활을 강요당했습니다. 이 공원은 하나의 교육 시설이기도 합니다. 세계 많은 학자들의 노력으로, 노예들이 아프리카에서 배에 태워져 끌려올 때의 극악한 상황을 선명하게 알 수 있도록 해 놓았습니다. 그들은 타고 온 배의 밑바

닥에서 폭 38cm, 길이 2m, 높이는 75cm의 좁은 공간에 쇠사슬에 매인 채로 온갖 배설물과 함께 마치 참치를 배송하듯이 끌려왔습니다. 미쳐 버린 사람, 병사한 사람 등은 바다에 버려졌습니다.

　미국의 자손들은 선조들의 악행을 연구하여 밝혀 놓았습니다. 인류 역사의 과거를 있는 그대로 아는 것은 인류의 발전에 기여합니다. 일본인도 한반도의 사람들에게 범한 악행에 대하여 눈을 감거나 외면하는 것이 아니라 자세하고 정확하게 배움으로써 일본에 밝은 평화의 세상이 오게 해야 합니다. 그런데 일본 사람의 일부는 '원해서 위안부가 된 사람도 있다'라든지 '강제적으로 징용한 것은 아니었다'라는 등의 주장을 하면서 문제의 핵심을 얼버무리고 있습니다.

　미국에는 'Ku Klux Klan(통칭 KKK)'이라는 백인 지상주의(백인 우월주의) 단체가 있습니다. 이들은 폭력으로 사람을 위협하면서 인종차별을 합리화하려는 사람들입니다. 동일하게 일본에도 침략 전쟁을 없었던 일로 하려는 생각을 가진 사람들이 있습니다. 그러나 과거의 진실은 바꿀 수도, 지울 수도 없습니다. 일본에게 식민 지배를 당하여 토지를 수탈당하고 생활이 불가능해진 한반도 사람들은 중국, 몽골, 러시아, 하와이 등으로 유랑하게 되었습니다. 그 인원은 무려 200만 명 이상이었습니다. 오늘날의 난민과 같은 신세가 된 것입니다. 원인은 일본의 침략 전쟁입니다.

지금도 중국에는 한반도 출신자들이 많은 지방이 있습니다. 일본 식민 지배를 피해 유랑한 사람들과 그 자손들이 살고 있는 것입니다. 일본으로 피해 온 사람들도 많았습니다. 지금 한국계 일본인은 약 200만 명 정도입니다. '왜 일본으로 도망하게 되었는가'라고 묻는다면 거리적으로 가깝기 때문이 아니라 그 당시에는 한반도도 일본의 일부였기 때문이었습니다. 한반도의 산속으로 피해 간 사람들은 원시적인 생활을 하며 살아남은 사람들도 있었습니다. 이 모든 것은 일본이 범한 침략이라는 죄가 근본적인 원인이었습니다. 진실의 역사를 알게 된다면, 그에 대한 반성과 행동도 저절로 일어나게 된다고 생각합니다.

2019년 6월 19일 워싱턴의 미 하원 사법위원회에서 과거의 노예제에 대한 보상 여부를 둘러싼 첫 공청회가 열렸습니다. "특정 인종에 대한 보상은 찬성하지 않는다."(이미 과거의 일이기 때문에 흑인이라는 이유로 과거 사건에 대한 보상은 불가능하다)라고 주장하는 사람이 있었지만, "당연히 보상해야 한다. 그렇지 않으면 진정한 평등(백인과 유색인의 평등)은 이루어지지 않는다."라고 주장하는 사람도 있었습니다. 논의는 이제 시작되었습니다. 미국의 흑인 노예는 1619년에 제임스타운이라는 항구에 약 20명을 상륙시키면서 시작되었습니다. 2019년은 그때로부터 정확히 400년이 되는 해였습니다. 그래서 기념식이 거행되었고 위와 같은 문제 제기가 있었던 것입니다. 일본으로 치자면, 마치 '재일 조선인, 한국인에게 보상금을 주어야 하는가, 말아야 하는가'라는 논의가 제안된 것과 같은 일입니다.

미국에서는 최근 노예제의 책임을 묻는 목소리가 높아지고 있습니다. 미 하원은 2008년, 상원은 그다음 해인 2009년에 노예제나 인종 격리에 대한 사죄를 결의하였습니다. 앞에서 언급한 미국 사우스캐롤라이나의 찰스턴은 미국인이라면 누구라도 알고 있는 '노예 무역의 항구'입니다. 시 의회는 2018년 6월에 노예 거래에 관여했던 과거를 인정하고 사죄하였습니다.

머지않아 일본에서도 한국인 차별을 자행한 사람들이 사죄하고 국가가 그에 대한 보상금을 지불하는 일이 일어 나리라 봅니다.

제2차 세계 대전 때, 미국으로 이민해 살고 있던 일본계 미국인들이 '적성 국민'으로 취급을 받아 대략 12만 명 정도가 미국 내의 사막지대 등에 설치된 10곳 정도의 강제 수용소에서 약 4년간이나 수용 생활을 한 적이 있습니다. 그때로부터 46년 후에 미국 정부는 "그것은 우리의 잘못이다."라고 사죄하고, 일본계 미국인 한 명당 2만 달러(현재의 약 200만 엔)의 손해 배상금을 지불하였습니다. 일본 정부가 많은 재일 조선인이나 한국인에게 배상금을 지불하는 것도 그와 같은 맥락입니다.

한국이 '일본군 위안부', '징용 노동자'의 문제만을 제시하고 있다고 생각되지 않습니다. 일본인의 좁은 섬나라 근성과 역사관에 대해 전 세계에 호소하고 있는 것입니다. 좀처럼 일본인이 자신 속에 있는 인종차별을 인정하려 하지 않고 있습니다. 이와 같은 견해가 필자의 '자학사관'일까요?

인도, 중국 등을 포함한 아시아의 인구는 62억 명입니다. 아시아의 여러 나라는 매우 빠른 속도로 성장하고 있습니다. 세계 경제는 북반구로부터 크게 남반구로 이동하고 있습니다. 스포츠 분야도 그 주류가 북미유럽으로부터 중국으로 이동하고 있고, 머지않아 아프리카로 또한 남미로 이동하게 되리라 봅니다. 급격하게 변화하는 세계를 살아가면서 일본은 언제까지 자기중심에서 벗어나지 못한 채 저 넓은 세계와 만나려고 하나요?

2
일본 역사에
밀려 들어온 한국인

조선통신사

날씨만 맑으면 일본의 쓰시마에서 부산이 육안으로 보입니다. 도쿄에서 후지산까지의 절반에 해당하는 약 50km 거리이기 때문에 당연히 보입니다. 바다를 두고 양쪽에 모두 사람들이 살고 있었기 때문에 몸을 숨겨 배를 타고 도둑이 오기도 하고 가기도 하는 등의 문제들이 있었습니다. 이러한 일은 어떤 나라에도 있었습니다. 일본인은 과거 에도(江戸) 시대에는 오늘날과 같은 특별한 한국인 경멸 의식을 가지고 있지 않았습니다. 그때 가지고 있었던 의식은, 어느 나라에나 있을 법한 보통의 차별 의식 혹은 경계심이었습니다.

조선통신사는 1357년 한반도의 고려 왕조가 일본의 무로마치 막부(室町 幕府, 1336년부터 1573년까지 일본을 통치)에게 사신을 통해 서신을 보내면서 시작되었습니다. 물론 민간의 교류는 야요이(弥生) 시대부터 있었습니다.[5] 조선통신사의 목적은 우호를 증진하는 것에 있었습니다. 어느 쪽이 위인가 밑인가, 강한가 약한가를 다투는 일이 아니었습니다. 쇼군(將軍)이 바뀌면 한국은 때를 맞추어 후계자의 등극에 따른 축하 사절 목적으로 일본에 통신사를 파견하였습니다. '축하합니다'의 뜻을 전하기 위한 것이었습니다. 에도 시대부터 약 10년에서 30년에 한 번 정도의 빈도로 조선통신사가 모두 열두 번 방문하였습니다. 일본은 쓰시마 번(對馬藩)을 통하여 답례를 하였습니다. 양국 모두 쇄국정책을 펼치고 있었기 때문에, 우호를 다지는 목적 이외의 그 어떤 것도 아니었습니다.

조선통신사 일행은 고급 관료와 그 수행원이었습니다. 수행원에는 선두에서 걷는 어린이를 비롯해 악대, 의사, 통역, 잡부일꾼 들이 포함되어 있어 규모는 300명에서 500명 정도였습니다. 배를 타고 쓰시마, 규슈, 오사카까지, 이어서 요도가와강(淀川)를 통해 교토까지 올라왔으며 이후에는 나카센도, 도카이도를 걸어 에도(江戸, 도쿄의 옛 이름)에 도착하는 편도 4개월의 여행이었습니다. 아름답고 화려하게 장식한 행렬의 행진을 보려고 길가에는 수많은 사람들이 장사진을 쳤다고 합니다. 세토나이카이(瀬戸内海)의 항구, 가는 길에 숙박을 한 곳곳에서 문화교류의 시간도 가졌습니다. 아마도 일본인의 입장에서는 이 행렬을 견학하는 것이 흥밋거리의 하나였을 것입니다. 그리고 일행 경호를 위해 쓰시마 번에서 1500명 정도가 동행하였습니다. 그렇기 때문에 총 인원수가 2000명에 가까운 긴 행렬이었던 것입니다. 방문자에게도 쇼군의 집안에서도 틀림없는 큰 자랑거리였을 것입니다.

통신사를 맞이하는 일은 에도 막부의 쓰시마 번이 담당하였습니다. 쓰시마에는 외교사무소가 설치되었고, 잘 알려지지 않았지만 1657년에 부산에는 왜관(지금의 대사관과 같은 기능)이 설치되었습니다. 그곳에는 쓰시마 번사(藩士, 에도 시대 각 번에 소속된 사무라이와 그 구성원을 가리키는 역사적 용어)가 상주했다고 합니다. 조선통신사에 대한 답례도 쓰시마 번이 막부를 대신하여 담당하였다고 합니다. 그러므로 조선통신사는 한반도 정부(조선 왕조)의 일방적인 조공 외교가 아니었던 것입니다. 양국이 동등하게 쇄국정책을 펼치고 있는 가운데 서로에 대한 기본적인 인사를 나누는 교류를 하였던 것입니다. 그러므로에도 시대에는 지금과 같은 험악한 차별 의식이 없었다고할 수 있습니다. 그러나 어떤 민족이든 상대의 민족을 열등한 민족으로 낮추보는 기질을 가지고 있기 때문에 일본인은 조선통신사를, 조선통신사는 일본을 낮추보는 면이있었음이 틀림없다고 봅니다. 그러나 그러한 차별 감정은메이지(明治) 시대 이후의 '조선인 차별 의식' 혹은 '조선인 경시'하고는 차원이 달랐다고 생각합니다. 이러한 문제에 대해 이 책에서 논하고자 합니다.

양국 사이에 큰 문제가 한 번 돌발했습니다. 도요토미히데요시(豊臣 秀吉)가 야심을 키워 중국을 정복하기 위해 먼저 한반도를 정복하려고 두 번에 걸쳐 침략한 것입니다. 이 때문에 도요토미 히데요시는 한국에서 그의 이름을모르는 사람이 없으며 매우 나쁜 일본의 통치자로 널리 알려져 있습니다. 물론 도요토미 히데요시에 대해서 알고 있다고 보긴 어렵습니다. 일본의 오다 노부나가(織田信長)처럼 유명한 인물로 당시 한반도에서 활약했던 '조국을 지켜 낸 영웅'인 조선의 이순신 장군을 모르는 한국 사람이 없기 때문에 그의 대적인 도요토미 히데요시라는 이름을 잘 알고 있다고 봅니다.

도요토미 히데요시가 일으킨 전쟁을 일본에서는 '분로쿠노에키(文禄の役)' 그리고 '게이초노에키(慶長の役)'(한국에서는 임진왜란과 정유재란)라고 부릅니다. '에키(役)'란 전쟁을 의미하는데, 이러한 일본어 표현을 알고 있는 일본 사람은 소수입니다. 많은 일본인이 그 말의 뜻을 모른 채 지나치고 맙니다. 초등학교에서 갑자기 '에키(役)'라는 단어가 나오면 학생들은 그 의미를 잘 모를 것입니다. '분로쿠'도 '게이초'도 학생들은 이해하지 못합니다. 그저 시험에 나오기 때문에 통째로 암기하지 않으면 안 됩니다. 누구라도 알 수 있도록 바꿔 말한다면, '1592년 도요토미 히데요시가 일으킨 조선반도 침략 전쟁'이라고 해야 합니다. 이렇게 정확하게 말하면, 너무 노골적인 표현이라고

반대하는 사람이 있습니다. 무엇을 말하고 있는지 잘 모르도록 애매한 문장으로 마무리하는 것이 일본인의 특징이기도 합니다. 그러나 이러한 애매한 태도는 국제적으로 통하지 않습니다. 일본의 역사 교과서에 채택되고 있는 표현들을 바꾸지 않으면 안 된다고 생각합니다.

1392년부터 518년간이나 이어진 조선 왕조는 쇄국정책을 펼쳤습니다. 에도 막부도 쇄국정책을 취하고 있었습니다. 하지만 에도 막부는 조선에 대해서는 '통신국'으로 보고 선린 관계를 유지할 필요가 있었습니다. 그 이유는 무엇보다 눈으로도 보이는 가까운 이웃 나라라는, 전적으로 지리적 요인 때문이었습니다. 명나라, 청나라, 포르투갈, 네덜란드, 영국 등은 '무상국(貿商国)'의 차원에서 무역하는 나라였지만, 조선은 '통신국(通信国)'으로 우호를 증진해야 할 나라로 여겼던 것입니다. 물론 전술한 바와 같이 사람은 모두 차별 의식을 가지고 있기 때문에 과거 일본사람들은 '조선인'에 대한 특별한 인식과 감정을 가지고 있었을 것이지만, 그것은 다른 여러 외국인에 대해 동일하게 가지고 있었던 수순의 차별 의식이나 경계심이었습니다.

정한론

    서양의 열강들은 19세기에 아시아의 여러 나라들을 식민지로 지배하기 위해 침략하였습니다. 일본은 침략당하기 전에 무력을 증강하여 한반도로부터 중국, 동남아시아를 침략하려 하였습니다. 무력을 강화하여 자신을 지키는 데 전념했으면 좋았을 것을 메이지(明治) 정부는 '침략당하기 전에 침략하자'라는 정책을 펴고 맙니다. 여기서부터 근대 일본의 불행이 시작되었습니다. 일본인은 섬나라였기 때문에 외교에는 미숙함이 있었습니다. 그래서 무력을 증강한 후 다른 나라를 침략하는 어리석은 길로 가고 말았습니다.

외교적 미숙함 또한 일본인의 특징이라 할 수 있습니다. 섬나라라서 외국인을 경험할 기회가 거의 없었기 때문에 경계심은 유별날 수밖에 없었습니다. 대륙 사람들의 경우는 주변에 수많은 외국인이 있습니다. 그래서 들어도 의미를 모르는 다른 민족들의 말에 그리 놀라지 않습니다. 개인적인 차는 있습니다만, 일본에서는 몇 개국의 외국어를 자유자재로 구사하는 사람을 매우 부러워합니다. 언어 능력은 유년기부터 십대 전반에 걸쳐 형성되기 때문에 누구라도 그러한 특수한 환경에서 자라면 몇 개국의 언어를 자유롭게 말할 수 있게 됩니다. 일본인은 그러한 환경이 아니었기 때문에 외국어 열등감 콤플렉스를 가지고 있습니다. '말만 알아들으면 나도 너와 동등하거나 너보다 위'라는 감정을 갖고 있는 것입니다. 이러한 경향이 외교적 미숙함의 원인이기도 합니다.

일본인은 자신의 실수나 잘못이 드러나면, 곧 "그때는 어쩔 수 없었다. 당신도 내 입장이었다면 반드시 똑같이 했을 것이다. 나를 나무라지 말아줘."라고 말합니다. 일본인의 사고방식은 어떤 것에 대한 확고한 원리가 있다고 하더라도 그 원리로부터 문제의 해결책을 가져오지 않습니다. 일본인은 그때 사정과 환경을 종합하여 몇 개의 가능한 해결책 중에서 최선이라고 생각되는 것을 선택합니다. 이러한 방식으로 일본 민족은 살아왔습니다. 그러나 구미는 그렇지 않았습니다.

유대교, 기독교, 이슬람교 등의 유일신 신앙의 세계에서는 『성경』이나 『코란』이 가르치는 원리가 있습니다. 그 원리를 따르는 것이 원칙입니다. 이러한 방식을 보고 일본인은 곧바로 '원리주의자'라고 낙인을 찍고 상대를 비난합니다. 하지만 그들도 『성경』이나 『코란』의 가르침 틀에서 여러 가지 사고방식을 가지고 있기 때문에 결코 천편일률적인 것은 아닙니다. 일본인의 경우 『성경』이나 『코란』과 같은 원리가 존재하지 않기 때문에 보다 더 자유롭게 생각할 수 있는 최대한의 사고방식을 취해 왔습니다. 일신교의 사람들이 원리주의라면 일본인은 자기지혜 중심주의라고 말할 수 있겠습니다.

막말(幕末)부터 메이지 시대까지 외국과의 관계를 어떻

게 할 것인가에 대해서 메이지 정부는 두 가지 의견으로 양분되어 있었습니다. '일본은 식민지가 되기 전에 아시아의 여러 나라들을 일본의 식민지로 삼고 유럽의 강국과 같은 강한 나라가 되자'라는 주장과, '평화 외교를 하자'라는 주장이 그것입니다. 이 두 가지 입장을 주장하는 사람들은 확고한 논리를 바탕으로 하여 주장하고 있었던 것은 아니고, 사정이 바뀌면 언제든지 손바닥 뒤집듯 주장을 철회할 수 있는 입장이었다고 할 수 있습니다. 왜냐하면 이러한 처세술이 원리를 고집하지 않는 일본이라는 섬나라의 특징이기 때문입니다. 반대파였는데 돌연 찬성파로 바뀝니다. 어느 쪽으로 가든 '어쩔 수 없는 일'이고, '같은 일본 사람이라면 이해해 줄 수 있기' 때문입니다. 인간 중심주의라는 동일한 입장을 서로 가지고 있기 때문입니다.

섬나라 사람의 특징 중 하나는 '외부 세상을 두려워하는 감정을 갖기 쉽다'라는 것입니다. 평화적인 대화에 의한 외교보다는, 선제공격을 가하는 감정을 갖기 쉽다고 바꿔 말할 수 있습니다. 일본은 1874년(메이지 7년)에 '타이완 정벌', 즉 타이완 침략 전쟁을 일으켰습니다. 침략이란 어떤 나라에 침입하여 그들의 영토와 재산을 수탈하는 것이기 때문에, 20세기 일본이 타이완, 조선, 중국, 동남아시아에 대해 일으킨 전쟁은 모두가 '침략 전쟁'이었습니다.

타이완 침략 이듬해인 1875년(메이지 8년), 메이지 정부는 한반도의 강화도를 공격했습니다. 강화도 공격이라는 것은 일본의 군함 '운양호(雲楊號)'가 지금의 인천시(서울 인근) 강화도에 함포를 쏘아 교전이 벌어진 사건입니다. 이러한 말을 하면, "사실은, 먼저 대포를 쏜 것은 조선의 군대였다."라는 비본질적인 이야기를 꺼내어 일본이 침략했다라는 역사적 사실을 애매모호하게 하려는 사람들이 있습니다. 이것도 섬나라라는 환경에서 나온 속성으로서 '책임은 상대에게 있다'라는 논리, 다시 말해 자기방어의 감정으로부터 오는 것이라고 생각됩니다.

근대라는 시대에는 강한 나라가 다른 나라를 침략하여 식민지를 삼는 것은 당연한 것으로 여겼습니다. 그렇기 때문에 일본이 전쟁을 기도한 것도 당연한 것이었을지 모릅니다. 그러나 전쟁을 일으키기 위해 메이지 정부가 명분으로 삼은 '그들은 문화적으로 열등한 민족이기 때문에 일본이 도와주지 않으면 안 된다'라는 논리는 분명한 민족 차별에 해당하는 것으로, 필자는 이를 조선인 차별의 원흉으로 보고 있습니다. 일본 민족의 배타주의는 다른 민족과 마찬가지로 고대부터 존재해 왔다고 보아야 합니다. 모든 인간은 본능적으로 배타적 태도라는 죄성을 가지고 있기 때문입니다. 그러나 한반도에 사는 사람들의 입장에서는 어느 날 '쿵'하고 대포를 한 대 맞은 것이기 때문에 충격이자 큰 고통과 피해가 가해진 행위인 것은 말할 것도 없습니다.

일본의 침략

조선 왕조가 시작된 1392년으로 치자면, 일본에서는 남북조 시대가 끝나갈 무렵입니다. 그 이후로 조선 왕조는 500여 년이나 지속되었습니다. 그것을 무너트린 것이 일본의 메이지 정부입니다.

강화도가 공격받은 다음 해인 1876년(메이지 9년), 조선 왕조는 개항을 합니다. 일본군과 조선 왕조의 군사력 차이는 역력했습니다. 같은 쇄국을 펼치고 있었지만, 일본은 나가사키의 데지마(出島)를 통해 무역을 하고 있었고, 조선 왕조는 서구 열강에 대해 완전한 쇄국정책을 유지하고 있었기 때문입니다. 일본은 총과 대포의 기술을 발달시키고 있었던 데 비해 조선은 무기의 발달이 뒤처져 있었습니다.

　오래지 않아 일본은 한반도에 일본군을 주둔시키는 데 성공하여 서울에 사령부를 두었습니다. 이후 한반도의 영유권을 가지고 다투는 청일전쟁(1894년)과 러일전쟁(1904년)이 일어납니다. 청일전쟁의 전쟁터는 한반도와 인접한 중국(청)의 요동반도(遼東半島)였습니다. 러일전쟁의 전쟁터는 만주, 중국의 요동반도, 서해, 한반도 등이었습니다. 한반도 사람들의 입장에서 보면, 자신들의 영토에서 일본, 중국(청), 러시아 제국이 전쟁을 하고 있는 것입니다. 자신들의 땅에서 다른 나라 사람들이 자신들의 영토를 빼앗기 위해 전쟁을 한다는 것은 너무도 어처구니 없는 피해인데, 일본 국민 중 청일전쟁과 러일전쟁을 그러한 관점에서 보는 사람은 매우 적습니다. 더 심한 것은 이 전쟁에 한반도가 휘말려 고통을 당한 것을 아는 사람이 너무 적다는 사실입니다. 현재는 일본의 중등학교 역사 교과서에 극히 간단히 기재되어 있을 뿐입니다.[6] 아무튼 당시 일본군은 승리하였고, 드디어 1910년(메이지 43년)에 일본은 한반도를 식민지로 삼아 버렸습니다.

이후 한반도는 1945년에 일본이 항복하기까지 약 36년에 걸쳐서 일본에게 식민 지배를 받았습니다. 누가 보더라도 일본이 한국에 공격해 들어가 식민지로 삼은 것은 사실입니다. 예를 들어 일본이 자신들에게 유리한 이유를 늘어놓고 침략당하기 전에 침략했을 뿐이라고 해도, 세계의 어느 누가 인정해 줄까요? 대부분의 일본인은 '일본이 조선을 식민지로 삼았다'라든가 '동화정책을 취했다'라고 간단히 알고 있을 뿐, 그것이 어떠한 것이었는지에 대해서 깊이 생각하는 사람은 거의 없습니다. 섬나라 기질이 그 원인 중의 하나라고 봅니다. 자기 나라의 것에 마음이 가득하기 때문에, 다른 나라에 대해서까지 살펴볼 수 있는 여유가 없는 것이라고 생각합니다.

필자는 한국인 경시(당시는 한반도에 사는 모든 조선인을 경시)의 근원을 찾아보려고 할 수 있는 노력을 다해 왔습니다만, 이에 대한 논문이 일본에는 적다는 것을 알았습니다. 자기 나라의 결점을 드러내면, 일부 일본인으로부터 힐난을 당할 것이기 때문이라고 생각합니다. 그러나 일본의 한반도 침략 전쟁, 다시 말해 정한론을 합리화하기 위해 한국 경시가 일본의 국가적 정책이었다고 주장하는 학술적 논문이 있습니다.[7] "한반도의 사람들은 빈곤하고, 문명개화도 매우 뒤처져 있고, 일본 국민이 도와주지 않으면 살아남을 수 없는 민족이다."라는 여론 몰이가 정부와 신문에 의해 전개되었습니다. 이러한 모략이 오늘날의 일본인이 갖고 있는 한국인에 대한 독특한 차별 의식 형성의 근본적 원인이라고 분석됩니다.

언론 매체는 그것을 확산시키는 기능을 발휘했습니다. 국민들도 그것을 진실로 받아들였기 때문에, 부모 세대로부터 자녀를 거쳐 손자 세대에까지 이 의식이 대를 이어갔습니다. 그것은 마치 일본인이 '아코 47인 사무라이의 복수(赤穂四十七士の復讐)'[8]를 미담으로 전승하는 것처럼, 침략했던 것을 타당한 것으로 합리화하는 것처럼, 혹은 어쩔 수 없었던 것은 문제시할 필요가 없는 것으로 치부해온 것과 비슷한 악습이지 않을까요? 일본은 섬나라이기

때문에 모두가 살아남기 위해서는 당대의 지배자에게 순종할 것이 요구되었습니다. 일본의 대중 매체도 당대의 지배자를 따를 수밖에 없었습니다. 이렇게 해서 '조선인 경시'가 시작되었던 것입니다.

조선인 경시의 기원을 메이지 정부의 정책으로 제한하는 것은 사실 무리입니다. 민족이 서로 경시하는 것은 아주 오랜 옛날부터 항상 있어 왔습니다. 한반도의 사람들은 당연하게 자신들이 뛰어난 민족이자 국가이며 만주인, 몽골인, 류큐인, 일본인은 야만인이며 짐승과 같은 존재들이기 때문에 교류할 수 있는 나라가 아니라고 생각하고 있었겠지만, 그렇다고 그대로 무시하면 귀찮게 할 것이 뻔하기 때문에 적당히 응대해 주어야 한다고 생각했음에 틀림없다고 생각합니다. 다른 민족에 대해 이러한 정도로 낮추보는 것은 극히 일반적인 범주라고 봅니다. 그러나 각 민족은 전쟁을 피하기 위해 가능한 한 표면적으로는 평화를 앞세우며 대화를 해 왔습니다. 물론, 핵무기를 소유하고 있는 현대에 있어서는 평화 외교를 철저히 유지해야 하는 것은 두말할 필요도 없습니다.

3
백의민족,
동방 군자의 나라

일본인보다 키는 더 크고 듬직한 어깨

    한국을 방문했을 때의 첫 느낌은 일본인들보다 키가 더 큰 사람이 많다는 것입니다. 세상의 여러 민족들 가운데 한국인의 신장은 중간 정도라고 합니다. 북미 사람들만큼 큰 키는 아닙니다만, 일본인보다는 분명히 키가 큰 사람이 많습니다. 뒷모습은 일본인보다 조금 큰 사람들이 많고, 전체적으로 남성도 여성도 어깨의 폭이 넓다고 할까, 등 근육이 발달해 있음이 느껴집니다. 물론 키가 작은 사람도 많이 있습니다.

    한국의 봄에는 진달래꽃이 만발하고, 가을에는 단풍이

형형색색으로 물듭니다. 길가의 풀과 숲이 일본과 같은 것은 쓰시마로부터 겨우 50km 정도밖에 떨어져 있지 않기 때문에 당연하다고 말하면 당연합니다. 지역 친목회 사람들인가요? 아침 일찍 남성 고령자 분들이 담소를 나누면서 도로를 청소하는 광경을 보면, 미국이나 유럽과는 확실히 다른 나라에 와 있다는 것을 느낍니다. 1년을 통틀어 일본보다는 습기가 적은 대륙성 기후이기 때문에, 더 쾌적하게 생활할 수 있을지도 모르겠습니다. 겨울은 춥습니다만 최근에는 온난화의 영향인지, 두툼한 방한복을 보기는 쉽지 않은 것 같습니다.

조선 왕조

　전술한 바와 같이 한반도는 1392년부터 1910년까지 약
500년에 걸쳐서 조선 왕조가 지속되었는데, 그 전에 불교
를 국교로 삼은 고려 왕조(918~1392년)가 있었습니다.

　한반도는 유라시아 대륙의 동쪽 끝에 위치합니다. 인체
로 말한다면 마치 맹장과 같이 돌출된 작은 부분과 같습니
다. 압록강과 백두산을 중심으로 중국과 접하고 있습니다.
세계지도를 보면, 한반도는 거리적으로 베이징과 그렇게
멀지는 않습니다.

한반도의 왕들은 옛날부터 중국에게 위협을 받았습니다. 위협이라기보다는 작은 한반도는 오히려 중국의 일부로 보이는 위치 관계에 있기도 했습니다. 따라서 한반도의 왕은 중국에 자주 조공을 받치며 평화 외교를 위해 노력했습니다. 한반도의 왕은 중국의 왕을 황제로 부르며 결코 자신을 같은 급으로서의 왕이라는 표현을 사용하지 않았습니다. 중국은 두목이고 자신은 부하라는 의식을 가지고 있었습니다. 그와 같이 하지 않으면 존립 자체가 불가능한 경우가 있었기 때문입니다.

　한반도 사람들의 중국에 대한 의식은 일본인과는 많이 달랐습니다. 그것은 지금도 마찬가지로 보입니다. 북한과 중국의 정상이 철도나 비행기로 왕래 하는 모습은 형제처럼 보이기도 합니다. 오히려 부모와 자식의 관계로 표현하는 것이 더 타당할지 모르겠습니다. 한국과 미국은 지금도 같은 운명 공동체 관계에 있는 것처럼 보입니다만, 원래 한국 사람들은 미국보다는 중국에 더 친근감을 가지고 있었습니다. 일본도 중국과는 가깝지만, 북한과 중국 같은 관계는 아닙니다. 일본은 고립된 섬나라입니다. 한반도 사

람들의 입장에서 일본은 보통의 형제 관계이지, 결코 부모
와 자식 같은 관계는 아닙니다.

물론 한국전쟁 후 한국과 중국의 관계는 크게 변했습니
다. 북측은 공산주의 국가가 되었기 때문에 한국과 중국은
적대 관계가 강화되었고, 경제적으로 아주 민감한 경쟁과
견제의 관계에 있습니다. 한국에서 한자를 볼 수 어렵게
된 것도 한국의 '탈중국' 의식이 작용한 결과로 보입니다.

중국과 한반도의 나라는 별개의 나라이지만, 그들 자신
은 어느 쪽이 앞선 조상에 해당하는지를 충분히 인식하고
있다고 봅니다. 이러한 역사와 민족적, 지정학적인 다름을
서양 사람들은 이해하기 쉽지 않습니다. 또한 세계의 사람
들 중에는 지도를 보면서 어디가 일본이고 어디가 한국인
지 잘 모르는 사람도 많지 않을까요?

일본의 언론 매체에 등장하는 '지식인'이라고 불리는 사
람들은 지리적으로 먼 구미의 사정에 대해서 전문적인 지
식을 가지고 있지만, 가까운 한국의 근·현대사에 대해서

는 초보적인 지식조차 가지고 있지 않은 사람들이 많습니다. 바른 이해를 가지고 있는 것은 일부의 중국과 한반도에 대한 전문가들뿐입니다. 안타깝게도 바르게 알고 있는 전문가들은 다수의 일본인들이 가지고 있는 '조선인, 한국인 차별 의식' 앞에서 위축되어 발언의 용기조차 잃어버리고 만 것 같습니다.

주자학의 나라

조선 왕조 이전 왕조인 고려 왕조는 불교를 국교로 삼았습니다. 그러나 승려가 군사를 거느리며 정치에 관여하였기 때문에, 다음의 조선 왕조는 불교를 배척하여 사원이나 승려를 산속으로 밀어내고 유교 중에서 우파라고 할 수 있는 주자학을 국교로 삼았습니다. 이때부터 한국에서의 불교의 힘은 일본의 불교보다 약해졌습니다. 지금도 한국은 국민의 23%가 불교이지만 그 영향력은 한정적이며, 이른바 단가제도(檀家制度)[9]는 없고 일본과는 상이한 상태입니다.

유교는 기원전 6세기에 중국에서 시작되었습니다. 인간이 어떻게 살아가야 좋은지를 가르치는, 이른바 '중국 철학'이라고 말하는 것이 바르다고 생각합니다. 유럽의 그리스에서 '헬라 철학'이 시작된 것도 역시 기원전 6세기 정도입니다. 인도에서 석가가 불교의 '도'를 설법한 것도 여러 학설이 있지만 역시 기원전 6~5세기의 때의 일입니다. 이처럼 동서고금을 막론하고 '인간은 어떻게 살아야 하는가'를 체계적으로 가르치기 시작한 것은 기원전 6세기 정도라고 할 수 있습니다.

중국에서 유교가 시작된 시점은 왕이 자기의 영토를 지배하며 왕들 사이에 끊임없는 싸움이 있었던 시대입니다. 그러한 시대의 가르침이었기 때문에 민주주의 시대가 된 현대에서는 통용되지 못하는 가르침이 많이 있습니다. 유교의 교사들을 유학자라고 부르고, 그 그룹을 유림이라고 불렀는데 당시 여러 유학자들의 가르침에 자신의 가르침을 더하여 체계화한 저명한 유학자가 등장합니다. 그 사람이 기원전 6세기의 공자입니다. 그렇기 때문에 유교라고 하면 공자의 이름이 먼저 튀어나옵니다.

유교는 기원전에 시작되어 왕들이 지배하는 2천 년 이상의 기간 동안 이용되며 성장하였습니다. 매우 긴 기간에 걸쳐 중국, 일본, 한국, 베트남 등의 동아시아 지역 사회에 영향을 미쳤습니다. 12세기 중국에 주자(1130년경~1200년경)라는 유학자가 나타나, 유교의 '해설서'를 저술하여 유교를 심화시킴으로써 매우 엄격한 종교와 같은 성격을 띠게 되었습니다. 그는 중국 철학을 『대학』, 『논어』, 『맹자』, 『중용』 네 권의 책으로 집대성하였습니다. 이것이 유교의 주자학입니다. 이미 유교가 시작된 이래 1600년의 세월을 거치면서 정립된 것입니다. 주자학은 일본이나 한국에 들어와서 통치자들에게 영향을 미쳤습니다. 국민들 또한 '어떻게 살아야 하는가'에 대해 생각할 때 그 대답은 유교의 주자학으로부터 큰 영향을 받았습니다. 일본인에게 친근한 가르침으로는 다음과 같은 것들이 있습니다.

부모를 공경하라.
어른을 존경하라.
왕에게 충성을 다하라.

자기의 할 일을 다하라.

사람은 태어나면서부터 신분이 정해져 있다.

사람은 자기 신분을 넘어서려 하지 말라.

예절을 잘 지켜라.

동정심을 가져라.

사리사욕에 사로잡히지 말라.

남녀칠세부동석.

천박한 행동을 하지 말라.

새벽에 일어나라.

정좌하고 한자를 익혀라.

도박을 해서는 안 된다.

이러한 가르침은 중국 본고장에서 조금씩 사라졌고, 아편전쟁 이후에는 눈에 띄게 쇠퇴하였습니다. 일본이나 한반도의 사람들에게도 유교의 힘은 쇠퇴하고 있지만 지금도 큰 영향을 남기고 있는 것은 사실입니다. 일본의 에도 시대를 배경으로 한 '보복'이나 오늘날의 한국 TV의 '왕조 시대의 이야기' 등은 유교 가운데 하나인 주자학을 배경으로 한 이야기가 많습니다. 할복이나 보복 등의 소재가 지금에는 생각하기 어려운 것이라고 하더라도, 이야기가 일반적으로 담고 있는 주제는 주자학의 영향이라고 할 수 있습니다.

주자학은 중국이나 일본 이상으로 한반도의 조선 왕조 시대에 발전하였다고 할 수 있습니다. 게다가 그 왕조가 약 500년 동안이나 계속되었기 때문에, 조선 왕조가 소멸된 지 100년 이상의 세월이 흐르고 1/3이 기독교인이 되었음에도 지금도 한국 사회 가운데 그 영향이 깊게 남아 있습니다. 유교가 보편적인 가르침이 되지 못했던 것은 유교가 보편적인 종교가 아니라 봉건 시대, 즉 군주를 중심으로 한 비민주적인 시대의 인간의 지혜에 불과했기 때문입니다. 그러나 일본 이상으로 유교의 가르침, 사고방식, 습관이 한국에 강하게 남아 있다는 것을 일본인은 알고 있지 않으면 안 된다고 생각합니다.

일본에도 유교가 들어왔지만, 이미 국민들에게 뿌리내리고 있는 불교가 있었기 때문에 국교가 될 정도의 힘은 없었습니다. 그러나 유교는 천황과 쇼군이라는 이중의 권력 구조를 가진 일본의 독특한 봉건국가 체제에서 영향력을 행사하였고, 현재도 다양한 방면에서 살아 있습니다. 한국에 남아 있는 유교의 잔재로는 일본의 오봉(백중맞이)에 해당되는 '추석'이나 '설날' 이외에 기일(사망한 날)에 제사를 지내거나 묘지에 성묘를 가는 관습 등을 들 수 있습니다.

일본과 한국은 비슷한 것과 다른 것이 있습니다. 한국에서는 지하철을 탔을 때 혹은 거리를 걸어갈 때 보면 앞에서 쓴 것처럼 주변에 있는 사람들의 대부분이 일본 사람들보다 몸이 조금 크다고 느껴집니다. 그것은 마치 몽골에서 온 씨름 선수들이 일본인 씨름 선수보다 한 뼘은 더 큰 것과 같습니다. 왜 그런지 전문적인 것은 잘 모릅니다만 대륙에서 자란 것과 섬나라에서 자란 것의 차이라고 생각합니다. 한편 2007년경 필자가 서울 시내의 대중교통에 익숙해지려고 도쿄의 야마노테선(山手線)과 같은 순환선을 탔을 때, 차내에서 큰 소리로 당당하게 상품을 소개하며 팔고 다니는 사람을 보고 놀랐습니다. 일본이라면 승무원이 달려오는 등 큰 소동이 될 법한 일입니다. 그런데 승객들이 자연스러운 얼굴 표정을 하고 있었습니다. 물론 이러한 것들이 최근에는 금지되고 있습니다.

공원에서는 어떤 부인회가 유치원 아이들처럼 동그랗게 둘러앉아 도시락을 먹는 광경을 보기도 하였습니다. 주변 사람들은 그것을 조금도 신경 쓰지 않았습니다. 일본에서는 보기 쉽지 않은 풍경입니다. 동네 한복판의 여러 풍경은 일본과 비슷한 것도 많지만, 역시 다른 것도 매우 많습니다. 쌀을 주식으로 하고 있기 때문에 먹을 것도 비슷한 것이 많고, 조금 다른 습관도 있습니다. 일본은 나무로 된 젓가락을 사용하는데 한국은 금속으로 된 젓가락을 많이 사용하는 것처럼 말입니다.

백의민족, 동방 군자의 나라

　도쿠가와(德川) 막부도 조선도 옛날에는 지배자와 피지배자 이렇게 두 개의 신분으로 나뉘어져 있었습니다. 한반도의 지배자(고급 관료)는 주자학(유교)의 과거 제도라는 격렬한 교육 경쟁에서 이긴 매우 소수의 사람들이었습니다. 조선 왕조 518년간 1만 5500명의 사람들이 고급 관료로 뽑혔을 뿐입니다. 조선 왕조 후기에는 더 많은 사람들이 그 직위를 돈으로 사게 되어 많아졌다고 합니다. 과거 제도의 시험에 합격하면 가문 전체가 축하할 만한 일이었습니다. '문반(문관)'과 '무반(무관)'으로 나뉘었으며 문반이 위에 있었습니다. 이 '양반'에 속한 자들이 지배자였습니다. 조선통신사는 이 양반에 해당되는 고급 관료였습니다. 그들을 섬기는 아래 사람들이 매우 많았기 때문에 행렬의 인원수는 더 늘어났습니다. 당시 조선통신사는 신분이 매우 높은 특별한 사람들이었습니다. 수행원들은 천박한 행동을 했을지라도, 통신사들은 품위 있는 행동을 하였을 것입니다.

피지배자인 서민은 일본에서나 조선에서 엄격한 억압하에 있었습니다. 일본에서는 어르신이 하는 말에 대해서는 절대복종이었습니다. 에도(江戸) 막부나 조선은 백성들을 오랜 세월에 걸쳐 무력과 주자학이라는 교육을 통해서 통치하였습니다. 그럼으로써 서로 비슷한 서민 사회가 형성되었습니다. 조선의 특징은 서민들도 주자학에 의해 매우 강한 영향을 받았다는 사실입니다. 주자학 영향의 강약이 낳은 차이는 일본 사회와 한국 사회의 차이를 통해서 잘 나타납니다. 일본보다 한국이 보다 더 강하게 주자학의 영향을 받았습니다. 조선에서는 고급 관료뿐만 아니라 일반 서민들도 주자학의 교육을 받았습니다.

한반도의 사람들을 지칭하여 '백의민족'이라고 합니다. 백의는 청렴, 순진, 검소를 나타내는 유교적인 의복이라 할 수 있습니다만, 지배자들만의 의복이 아니라 서민들의 의복이기도 하였습니다. 경축할 일이나 공적인 의식이 있을 때에는 남성뿐만 아니라 여성들도 흰옷을 입었습니다 (여성들은 그 위에 화려한 색상의 치마저고리를 걸치기도 하였습니다). 이러한 의복 생활의 특징을 바탕으로 한반도의 사람들을 백의민족이라고 부르게 된 것 같습니다. 2019년 9월에도 현재의 문재인 대통령은 흰옷을 입고 TV에 출현했습니다.

　또한 조선은 '동방 군자의 나라'라고도 불렸습니다. 동방은 유라시아 대륙의 동쪽 끝, 군자란 도덕적으로 훌륭한 유교적인 사람들을 지칭하는 표현입니다. 중국에서 시작된 유교가 주자학이 되어 중국 이상으로 한반도에서 꽃을 피웠습니다.

　일본에서는 한반도의 사람들은 문명 개화가 뒤처진 천박한 민족이라는 왜곡된 차별 교육이 전개되었습니다. 사실은 주자학에 의해 잘 다져진 고결한 민족이라고 할 수 있습니다. 그것은 일본 민족이 성실하고 근면한 민족이었던 점과 다를 바가 없습니다. 물론 서민은 가난하여 보통 옷을 입고 식량도 부족했습니다. 일본도 마찬가지였습니다. 살인 사건도 강도 사건도 일본과 마찬가지로 있었습니다. 하지만 한국 사람들이 실제는 백의민족이었다는 것을 이해한다면 한국인에 대한 관점도 변하게 될 것입니다. 일본인 다수는 일본이 여러 가지 면에서 한국보다 우월하다고 생각하고 싶어하지만 그렇게 생각하려는 것 자체가 어리석은 일입니다. 단지 일본도 그랬지만, 과거 서민들 입장에서는 가난이 무엇보다도 큰 문제였습니다.

부지런한 사람(일꾼)

한국 사람들은 일본 사람처럼 부지런합니다. 아침 일찍부터 밤 늦게까지 일합니다. 이런 근면한 태도는 유교적인 가르침의 영향이라고 생각합니다.

필자는 2003년경 일주일 정도 한국 여행을 하였습니다. 그 이전에도 두 차례 방한한 적이 있었기 때문에, 조금도 낯설지 않았습니다. 이때 방한 목적 중의 하나는 어느 목사님과 인터뷰하는 것이었습니다. 출발하기 전에 일본어가 가능한 신학생에게 통역을 부탁하여 그 목사님과 편지로 면담 약속을 하였습니다. 인터뷰 시간은 심야 11시부터 오전 2시까지였습니다. 그 목사님이 늦은 밤에도 활동하고 있다는 것이 놀랍게 여겨졌습니다. 그 교회에는 몇명의 목사들이 교대로 일하고 있었는데 그 목사님과의 면담이 가능한 시간에 맞추다 보니 결국 늦은 밤이 되고 말았습니다. 인터뷰는 매우 만족할 만한 내용이었습니다.

한국의 목사들은 상상 이상으로 바빴습니다. 전반적으로 교회에서는 매일 아침 5시부터 약 1시간 동안 갖는 새벽 기도회에서 목사가 성경 말씀으로 설교를 합니다. 오전 중에 여성들의 모임이 있고 저녁 시간에는 기도회가 있습니다. 기도회는 일종의 예배와 같은 형식을 취하는데 목사는 성경 강해와 기도회를 인도합니다. 이러한 모임 이외에도 상담, 혹은 큰 교회에서는 장례식과 결혼식 등으로 일정에 빈틈이 없었습니다. 한국의 법률은 잘 모릅니다만, 한국 목사의 활동 시간은 일본이라면 분명히 노동기준법 위반이라고 경고를 받을 것이라고 생각합니다.

인터뷰가 끝나고 그 목사님에게 "이렇게까지 과로해도 괜찮습니까?"라고 질문을 하자 "괜찮습니다. 하나님이 지켜 주시니까요. 그런데 모든 목사가 그렇다는 것은 아니지만, 아침 기도회가 끝나면 다른 사람들이 출근하는 시간에 사우나에 가서 땀을 흘리며 휴식을 취하는 목사도 있기는 하지만요….”라고 말하며 일부 목회자들에 대해 비판하기도 하였습니다. 그러한 목사도 있다는 사실을 듣고 오히려 저는 마음이 놓였습니다. 그들과 비교하면 일본의 목사는 정말로 여유롭게 일하는 편입니다. 장시간 일하기만 하는 게 좋은 것은 아니지만 한국인은 일벌처럼 일하는 일본인을 넘어섰습니다.

어느 교회에서는 다수의 안내 위원들이 전원 어깨띠를 두르고 있는 것을 보았습니다. 순간 필자는 어머니 세대 사람들이 전시 때에 ‘몸뻬’ 바지를 입고 ‘황국부인회연합’이라는 어깨띠를 둘러 죽창 훈련을 하고 있는 모습이 떠올랐습니다. 어깨띠를 두르면 의욕이 솟구치는 것은 필자만의 느낌일까요? 무엇이든지 느긋한 일본의 목사로서는 한국의 교회는 ‘지나치게 열심’이지 않은가라는 느낌을 자주 받았습니다. 이것은 기독교 교회의 신앙적인 특징이라기보다는 유교적인 ‘무엇이든 하면 된다’라고 말하는 정신

풍토의 유산이지는 않은지 생각하게 되었습니다.

　한반도 사람들은 독창적인 면이 있습니다. 그 면모를 잘 보여 주는 것이 '한글'이라고 불리는 한국어 문자입니다. 일본의 히라가나와 같은 기본 문자입니다. 차이는 일본어 글자 수는 48자이지만 한글은 40글자입니다. 그것으로 발음되는 모든 단어를 문자로 나타낼 수 있습니다. 그러나 양국은 한자 문화를 동일하게 받아들였습니다. 그렇게 한자로 수입한 단어가 모든 단어의 70%를 점하고 있기 때문에, 한자와 자국의 문자를 혼합하여 문장을 만듭니다. 그런데 한글은 히라가나 이상으로 편리하고 한자를 사용하지 않고 문장을 만들 수 있습니다. 한글은 히라가나보다 후에 생긴 문자로서 1446년에 세종이라는 조선 왕조의 제4대 왕이 서민 교육을 위해 창제하였습니다. 다시 말해 매우 독창적인 문자라고 말할 수 있습니다.

　그렇지만 사용하기 너무 쉬워서, 조선 왕조에서는 한글을 가볍게 보고, 중요한 문서는 한자로 기록하는 바람에 한글이 발전해 가지 못했습니다. 지배자 계층의 오만함을 볼 수 있는 대목입니다. 그런데 기독교가 성경을 한글로 번역하여 한글 보급에 공헌하게 되었습니다. 지금은 한자가 아닌 한글이 한국 전역에 걸쳐 차고 넘칩니다. 일본은 '전통'을 자랑하지만 한국은 '독창성'을 자랑하는 것 같습니다.

한국에 방문했을 때 가장 어려웠던 점은 한자가 거의 사라져 버린 것입니다. 한자를 사용하고 있으면 지명이라든지 물건을 대충은 알 수 있는데 현재는 거의 한자가 사용되지 않고 있기 때문에 알 길이 없습니다. 많이 아쉽습니다. 한자 교육이나 사용에 대한 주장은 계속되고 있는 것 같은데 중국이 공산주의 국가이기 때문에 탈중국, 반중국의 분위기가 너무 강해서 힘을 받지 못하고 있는 것 같습니다.

4
가족 의식이
강한 사람들

'아리랑'은 '이츠키 자장가'와 비슷한 노래

구마모토(熊本) 남부의 이츠키 마을(五木村)에 전해져 오고 있는 '이츠키 자장가(이츠키노코모리우타)'[10]라는 노래가 있습니다. 아이를 돌보는 소녀의 심경을 노래한 애절한 노래입니다.

오봉이 지나면, 나는 고향에 돌아갈 거야…
내가 죽었다고 누가 울어 줄까요?
뒷산의 소나무 숲 매미뿐일까…

이러한 노랫말입니다.

'아리랑'이라는 노래는, 이츠키 자장가와 같은 구슬픈 노래입니다. 아리랑의 의미는 명확하지 않지만, 한반도에 수없이 많은 고개 이름 중 하나일 거라는 가설이 있는 것 같습니다. 민요이기 때문에 누가 언제 부르기 시작했는지는 알 수 없습니다. 정확한 박자도 원래 가사도 없습니다. 멜로디가 다른 100곡 이상의 아리랑이 있다고 합니다. 다른 가사의 아리랑도 2000곡 이상이 존재하고 있습니다. 한국에서는 일본의 식민지 시대에 영화 〈아리랑〉이 크게 유행했습니다. 주인공이 일본의 통치로 고통을 당하는 내용입니다. 일본에서는 1931년에 일본어로 번역된 '노래 아리랑'이 빅터사에서 발매되어 폭발적인 히트를 쳤습니다. 시대 배경을 생각하면 판매 금지가 되어도 이상하지 않은데 그렇게까지 인기를 얻은 것은 이 노래가 본래부터 가지고 있던 매력 때문이라고 생각합니다.

아리랑은 슬픔의 고개, 아리랑은 열두 고개
이제 마지막 고개를 넘어 간다
서쪽 산에 지는 석양은 저물고 싶어서 지는가
나를 버리고 가시는 님은 가고 싶어서 가는가

한반도의 사람들은 식민지가 되어 일본인의 노예와 같은 신세로 전락하였습니다. 산으로 숨고 중국이나 러시아로 흩어졌습니다. 하와이로 떠난 사람들도 있습니다. 종주국 일본으로 들어온 사람들도 있었습니다. 왜 일본으로 건너왔을까요? 일본은 중국, 동남아시아로 침략을 본격화하였습니다. 쌀은 일본인과 일본을 위해 공출되었고, 한반도 사람들은 좁쌀, 수수, 보리 등의 잡곡으로 굶주린 배를 채우지 않으면 안 되었습니다.[11] 제2차 세계 대전 때 한반도 전체의 인구는 2000만 명 정도였습니다만, 250만 명이 넘는 사람들이 중국, 러시아, 하와이, 일본으로 흩어져 나갔습니다. 남겨진 사람들 중에서 인구의 10%에 해당되는 200만여 명이 전쟁 중에 강제적으로 징병, 징용을 당하였습니다. 이것이 위안부 문제와 강제 징용 노동자 문제의 배경입니다.

식민지가 되기 1년 전인 1909년에는 일본에 재류하는 조선인이 겨우 790명 정도였는데,[12] 1935년에는 65만여 명으로 급증하였습니다. 중국 길림성 조선족자치주에는 200만여 명의 조선족 사람들이 지금도 생활하고 있는 것은 잘 알려진 사실입니다. 그들은 한반도에 살고 있던 사람들인데, 이전부터 중국으로 연행되거나 일본의 식민 지배를 피해 도피한 사람들의 후손들입니다. 수십만의 사람들은 소련의 연해주로 피해 갔습니다. 그러한 난민들을 탄생시킨 책임은 일본 제국입니다. 과연 이러한 역사를 일본 사람들은 얼마나 직시하고 있을까요?

가족 의식이 강한 사람들

한반도는 산악 지대가 국토의 70%를 점하고 있습니다. 고개를 경계선으로 마을들이 나뉘어져 있었습니다. 일본과는 달리, '김', '이', '박' 등 겨우 35개의 성씨가 국민의 90%를 점하고 있습니다(일본에는 13만 개의 성씨가 있습니다). 족보도 매우 명확하게 전승되고 있고 8촌 이내의 혈족까지는 결혼이 금지되어 있습니다. 자기 소개를 할 때에는 본이 어디인지, 조상 중에는 누가 있는지 등을 밝히는 경우가 많습니다. 한 걸음 더 나아가 출신 학교도 소개한다고 합니다. 매우 가까운 친척인지, 연령이 얼마나 되는지 등이 대화의 초기 단계에서 서로 확인해야 대화가 진전되는 경우가 많습니다.

친척이거나 동창생이면 그것만으로도 상호 협조 관계가 달라집니다. 민족성이 일본인과 다를 뿐만 아니라 사회생활도 일본인과 다른 점이 많습니다. 일본인은 일본인의 감각으로 한반도의 사람들을 봅니다만 일본인은 섬나라 기질을 가진 민족이라는 사실을 자각해야 한다고 생각합니다. 타민족을 어느 쪽이 더 우월하다거나 열등하다거나, 더 강하다거나 약하다거나, 경제력이 있는지 없는지 등을 판단하는 것이 아니라, 따뜻하고 그윽한 눈으로 세계의 사람들을 이해하려는 마음가짐이 필요합니다. 한반도의 사람들은 더럽고 천한 사람들이 아닙니다. 주자학이 사회의 중심에 깊게 뿌리내린 나라이자 고결한 국민성을 가진 사람들입니다. 일본인도 좋은 점을 많이 가지고 있지만, 일부의 범죄자들을 예로 들어 양국의 국민성 전체를 오해하는 편견은 버려야 합니다.

일본에서는 에도 시대와 같은 신분 고정 사회의 봉건적 모습은 과거에 끝났고, 현대에는 자유롭게 도시에 밀집하는 사회가 되었습니다. 한국도 같은 경향을 띠고 있지만,

지방으로 가면 옛 습관이 아직도 남아 있습니다. 지금도 섬마을 사람들끼리의 결혼이 흔한 곳에서는 '사돈은 남이 아니다'라는 말이 자연스럽습니다. 사돈이란 결혼한 부부의 부모들 간의 호칭입니다. 섬마을 사람들 모두는 혈연관계로 맺어진 한 가족과 같다는 의미입니다.

현재 한반도는 남북으로 분단되어 있습니다만, 분단의 의미는 일본인이 생각하는 것 이상으로 매우 강하다고 생각합니다. 단순히 지역적으로 분단되어 있다는 의미가 아니라, 가족 의식이 강한 민족이 북쪽과 남쪽으로 나뉘어 살고 있다는 의미입니다. 이러한 의식을 가진 한반도가 하나의 국가가 된 것이 조선 왕조입니다. 그렇기 때문에 남북의 통일은 일본인에게는 상상하기 어려운 개념이 들어 있습니다. '언젠가는 통일되면 좋지' 정도의 의미가 아니라, 통일은 민족적인 간절한 소원이라고 할 수 있습니다. 통일을 위해서는, 한미 혹은 한일의 동맹 관계를 단절하는 것도 생각 가능한 것입니다. 피는 물보다 진하기 때문입니다.

일본에서는 1947년에 신헌법에 의해서 '호주제'(각 가족에게 대표를 두는 제도)가 폐지되었습니다. 한국은 얼마 전인 2008년에 폐지되었습니다. 유교 단체의 반대 운동이 있었기 때문에 지체된 것입니다. 과거 유교 사회였기 때문에 일본과 한국은 비슷한 면이 많고, 사회 변화도 일본의 뒤를 따르는 것처럼 한국이 따라오는 점도 있습니다. 이러한 부분만 본다면 한국이 뒤따라오는 것 같지만, 한국이 앞서가는 점도 수없이 많이 있습니다. 민주화는 한국이 더 앞서 나가 있다고 할 수 있습니다. 한국의 TV드라마가 일본에 다수 방영되고 있는 것을 생각하면 창작의 분야 역시 한국이 앞서고 있지 않나 싶습니다. 그리고 보니 'K팝'은 한일 양국 젊은 층의 마음을 사로잡고 있습니다.

밝은 민족

    교회 관련 일로 2003년 한국을 방문하였습니다. 일정이 없는 날에 원주라는 곳의 치악산국립공원에 갔습니다. 기차와 버스를 갈아타면서 목적지에 도착했습니다. 출입구에서 주소와 성명을 쓰고 공원으로 들어갔습니다. 사전 지식 없이 간 관계로 그곳이 산인지 몰랐습니다. 그래서 산행에 적합한 복장이 아니었습니다. 일본에서와 마찬가지로 산행 중간중간에 사람들을 스쳐 지나갔습니다. 물가에서 쉬고 있을 때, 10여 명의 여성들이 큰 소리로 대화를 하면서 즐겁게 산을 내려왔습니다. 놀랍게도 그분들은 수녀였습니다. 전원이 머리에 두건을 하고 긴 치마를 입고 있었습니다. 필자가 한국인으로 보였는지, 한국어로 인사를 건네면서 산을 내려갔습니다.

한국에는 일본보다 훨씬 많은 수녀들이 있다는 사실에 놀랐습니다. 그즈음에 필자의 조사로는 국민의 30%가 기독교인이었고 천주교도도 520만 명이나 되었으므로, 길거리에서 수녀들을 많이 만나는 것은 당연한 것이겠지요. 남자 사제들은 예식 이외에는 비교적 자유로운 복장이었기 때문에 거리에서 만나도 일반 사람과 구별이 안 되었는데, 수녀들은 한결같이 수녀복을 입고 있어서 거리에서도 눈에 띄었습니다. 필자가 산에서 만난 수녀들도 같은 복장을 하고 험한 바위산을 올라갔던 것입니다.

산에서 만난 수녀들을 보고 필자는 새로운 발견을 한 느낌이었습니다. 일본의 수녀들은 비교적 조용하고 눈에 띄지 않게 조심스런 인상인데, 한국의 수녀들은 밝은 여고생들 같은 인상을 풍겼습니다. 한국 사람들은 한 가족 의식이 강할 뿐만 아니라 동문, 같은 회사, 같은 교회, 같은 고향 사람끼리는 강한 연대 의식을 가지고 있는데, 일본이나 미국에서는 생각하기 어려울 정도로 강합니다. 같은 그룹에 속해 있다는 것을 알면, 그것만으로도 강하고 격한 감정이 우러나오는 것 같습니다. 일본에도 비슷한 감정이 있지만, 한국의 경우는 일본과 달리 강하고 격합니다.

국립공원에 다녀오는 작은 여행이었지만, 몇 번의 친절을 경험했습니다. 역무원은 영어 단어 몇 개를 나열하며 버스 정류장을 가르쳐 주었습니다. 그뿐만 아니라, 한국어를 전혀 모르는 저를 위해 사무소를 나와서 큰 거리의 버스 정류장까지 안내해 주었습니다. 필자는 '상사의 허락도 안 받고 사무소를 벗어나는 게 괜찮을까'라는 일본인 특유의 쓸데없는 걱정을 하고 말았습니다. 이러한 일본인의 소심한 염려는 한국의 대범함과 차이가 납니다. 그날 공원 사무소의 직원은 등산로를 아주 자세하고 친절하게 안내해 주었습니다. 일본 사람들처럼 한국 사람들도 매우 친절합니다. 도회지에서 멀리 떨어진 곳에서 친절한 사람들을 만나는 것은 일본과 마찬가지입니다.

일본인의 인간관계는 맺고 끊음이 모호하지만, 한국인

은 선명하게 맺고 끊는 편입니다. 한국에서는 다니는 교회가 마음에 들지 않으면 곧바로 발길을 끊고 다른 교회로 옮기는 교인이 많다고 들었습니다. 일본에서는 소속된 교회를 그만두는 것은 큰 용기가 필요한데, 한국에서는 생각하고 있는 대로 솔직하고 대범하게 행동에 옮깁니다. 같은 교회 사람끼리 유대가 강하면서도 그 교회를 떠나면 바로 끊어 내는, 좋은 점이 공존하고 있다고 생각합니다.

필자는 언젠가 고등학생 정도의 남학생과 그 어머니가 손잡고 걷고 있는 모습을 보았습니다. 일본의 고등학생은 그 나이가 되면 부끄러워서 어머니와 손을 잡고 걷지 못합니다. 한국 사람은 사람들 앞에서도 자신의 감정을 잘 드러냅니다. 이것도 한국인의 선명한 성격에서 나온다고 생각합니다. 언제나 싸우고 있는 것 같은 부자 관계인 듯해도 다른 사람들 앞에서는 손을 잡고 다정하게 걷는 모습 역시 그 민족의 기질을 잘 나타내고 있는 것이 아닐까요?

5
가혹한 식민 통치로
36년간 고통 당한 민족

토지 수탈

메이지 정부는 1910년부터 한국을 식민지로 삼았습니다. 식민 지배 초기에 총독부는 한반도에서 '토지조사사업'을 시작했습니다. 자기 땅이라는 증거(서류)를 제출하지 못한 사람의 토지는 몰수하여, 그 토지를 일본인 지주들과 '동양척식주식회사'(식민지 경영 회사)에 매각했습니다. 한반도 전체의 약 40%를 일본인들이 사들였습니다. 그 때문에 자작농에서 소작농으로 전락한 사람들이 수없이 생기게 되었습니다. 약 60%의 높은 소작료를 납부하지 못하는 사람들은 농촌을 떠날 수밖에 없었습니다. 이것이 수많은 유랑민이 생기게 된 주 원인입니다. 게다가 그 시대에는 한반도 인구의 약 80%가 농민이었습니다. 이로 인하여 극빈자로 전락한 농민들이 앞에서 언급한 대로 난민과 같은 신세가 되어 여러 나라로 유랑하게 된 것입니다.

필자의 아버지 사진첩에는 20세 정도로 보이는 아버지가 한반도에 병사로 출병됐을 때 찍은 단체 사진이 있었습니다. 정확한 날짜와 장소는 미상입니다. 일본 국민은 청일전쟁, 러일전쟁, 태평양전쟁의 선악에 대해서는 깊게 생각지도 않은 채, 전쟁이 있었다는 것을 당연한 과거 사건의 하나로만 인식하고 있다고 생각합니다.

필자는 "일본이 조선 반도를 식민지로 삼은 덕분에, 조선 사람들은 본인들이 유익하게 되어서 기뻐했다."라는 이야기를 들으면서 자랐습니다. 또한 약 20만 명의 일본인이 군인과 일반인으로 한반도에서 생활하면서 현지의 사람들과 좋은 관계를 갖고 있었다는 이야기를 자주 들었습니다. 물론 분명하게 친일 성향의 한반도 사람들도 있었다고 생각합니다만, 많은 사람들은 일본의 식민 지배로 고통과 슬픔에 젖은 삶을 살았습니다.

일제 36년의 세월

일본인 병사 한 사람 한 사람이 아무리 선량한 사람이었다고 해도, 전쟁 전의 일본 정부는 한반도를 중국과 동남아시아 침략의 전초 기지에 불과하다고 생각했습니다. 따라서 일본 정부의 지배는 더욱 가혹해져 갔습니다. 지금도 한국 사람들의 일상적 대화 가운데 '일제 36년의 세월'이라는 말이 자주 나옵니다. 한반도가 일본 제국의 식민지였던 것은 1910년부터 1945년까지인데 산술적으로 계산하면 35년이지만, 한국에서는 '36년 세월'이라고 말합니다. 물론 햇수로 36년이기 때문에 틀린 표현은 아니지만, 한국 사람들의 억울한 감정이 드러나는 표현이라고 할 수 있습니다. 일본인에게는 '과거의 일일 뿐'이지만, 한국 사람들 입장에서는 '바로 전에 있었던 일'인 것입니다.

　조선총독부는 '헌병경찰제도'라는 것을 수립했습니다. 일본의 파출소와 같이 순경이 근무하는 정도의 온화한 경찰 제도가 아니라 일본군 직제에 속한 경찰병(헌병)이 전 국토를 감시하는 제도였습니다. 한반도 각지에 77개의 헌병 경찰서가 설치되어 3410명의 헌병이 배치되고, 해마다 그 수를 늘려서 한반도 전체를 지배했습니다. 1910년경 한반도의 전체 인구는 아직 1300만 명 정도였습니다. 이 무렵 일본의 인구는 4900만 명 정도였습니다. 메이지 정부는 무력에 의한 위압적인 통치 방법을 취했습니다. 이러한 통치 방식을 '무단정치'라고 합니다.

마음의 지배

한반도의 일반 서민에게 있어서 일제 강점기 초기는 자신들의 지배자가 강권적인 조선 왕조에서 단지 일본군 총독으로 변한 것뿐일지도 모릅니다. 일본 메이지 정부는 천황이 중심인 일본의 식민지로서 한반도 사람들에게 천황에 대한 충성을 요구했습니다. 즉, 한반도 사람들의 마음속까지 지배하려고 했습니다. 그 시대의 일본은 천황을 현인신(現人神)으로 숭배하고 이세신궁(伊勢神宮)을 중심으로 신도(神道)로써 국민의 일치를 도모하고 있었으므로, 한반도에도 신사를 건립하고 천황을 숭배하도록 요구했습니다. 한반도에서 신사의 수는 1910년에는 31개에 불과했지만 1925년에는 42개로, 그리고 해가 갈수록 더 늘어가기만 했습니다.[13] 일본 정부는 일본 국민과 한반도 사람들의 '마음의 일치'까지 요구했던 것입니다. 이것은 분명 무리한 일이었습니다. 왜냐하면 사람의 마음은 자유를 추구하기 때문에 역지로 신앙을 강요당하는 것은 인간의 본성에 반하는 것이었습니다.

이러한 무리한 무단정치를 일본 중학교 교과서에서는 간단히 서술하고 있을 뿐입니다. "조선 사람들을 천황이나 국가에 충성을 맹세하는 일본인과 똑같이 만드는 동화정책이 추진되었습니다. 학교에서는 조선어와 조선의 역사보다 일본어와 일본의 역사가 교육되었고, 수신(修身)이 중시되었습니다."[14]라고 쓰여 있습니다. 일본인 대부분이 자신들의 선조가 자행한 한반도에서의 역사적 사실을 거의 모른 채 지내고 있는 것은 일본이 그렇게 교육했기 때문입니다. 이러한 문제를 다루며 지금도 한국인들이 분노하고 있는 것인데, 일본인들은 그런 문제가 있었던 줄도 모르는 사람들이 많습니다. 다음의 내용을 보아도 알 수 있듯이 이외에도 '마음의 지배'는 더욱 가혹하게 진행되었습니다.

1941년, 일본 국내 개신교 각 교파도 강제적으로 하나로 통합 당했습니다. 그리고 '일본기독교단'이라는 조직이 생겼습니다. 개신교는 나라나 역사나 교리에 의해 여러 가지 교파로 나뉘는 것이 특징이고 나뉜 의의도 있습니다. 하지만 강제로 하나로 묶이고 말았습니다. 그 일본기독교단의 대표가 하필 한국의 기독교인에게 "신사는 종교가 아니니 신사참배를 하라."라고 설득하러 갔습니다. 이 일이 지금도 일본 기독교인의 마음에 가시가 되어 있습니다. 그것은 개신교회 사람들뿐만 아니라 천주교회 사람들에게도 마찬가지였습니다. 전쟁 전에 가톨릭교회는 제국주의 정부에 협력했기 때문입니다.

제2차 세계 대전이 끝나고 해방을 맞이한 한국에서는 투옥되었던 한국인 목사들이 "일본군에 협력한 목사는 모두 두 달간 근신하라."고 맹렬히 비난했습니다. 일본에서는 거의 비난이 일어나지 않았고 어제가 오늘로 바뀌었을 뿐 "그때는 어쩔 수 없었다."라며 태연한 표정으로 지나갔습니다. 이 대응의 차이는 전후에 다른 결과로 나타났습니다. 한국에서는 기독교를 받아들인 이후 국민의 30% 이상이 기독교인이 되었습니다. 일본에서는 현재도 기독교 인구가 1.7%에 불과합니다. 국민이 기독교로 개종하느냐 마느냐의 문제는 복잡한 요소들이 얽혀 있기 때문에 한마디로는 말할 수 없지만, 전시 때에 취했던 일본 기독교인의 애매한 태도에 기인하고 있음을 부인할 수 없습니다.

더 오래된 이야기를 한다면, 우치무라 간조(内村鑑三, 1861~1930)는 천황 사진에 절을 하지 않았다는 사실이 신문에 보도되면서 비국민이라 불리며, 수년간 홋카이도에서 규슈까지 도피 생활을 하며 지냈습니다. 신문기자가 기사로 쓰지 않았다면 크게 문제가 되지 않았을 겁니다. 미디어가 박해를 부추겼다고 할 수 있습니다. 도와준 기독교인도 있었지만 많은 일본 교회 지도자들은 관여하지 않으려고 모르는 척했습니다. 우치무라 간조가 당시의 기독교회를 싫어하고 무교회(집회교회)를 만들고 있었기 때문입니다. 메이지, 다이쇼(大正) 시대에 그를 무시한 많은 일본의 기독교인들은 쇼와(昭和) 때가 되어서도 그대로 군사 정부에 협력하였고, 패전한 후에는 '일억 모두의 참회'라는 교묘한 말로 문제를 일반화하고 참회한 것으로 치고 넘어가고 말았습니다.

메이지 정부는 헌병 경찰관을 한반도의 각 학교에 배치하고, 대검을 허리에 찬 헌병이 학생을 감시하게 했습니다. 대부분의 일본인은 그런 경험을 외국으로부터 당해 본 적이 없기 때문에 '총구로 감시를 당하며 생활한다'는 굴욕감을 이해하지 못할 것입니다. 제2차 세계 대전이 끝났을 때 연합군이 일본의 학교 교실에 총을 가지고 감시하러 왔나요? 그런 일은 없었습니다. 과거 일본군은 왜 비정상적인 무단정치를 했을까요? 그 뿌리에는 '섬나라 백성'이라는 특수한 요인이 작용됐다고 생각합니다. 즉 다른 민족에 대한 지나친 방어 본능이 작용한 결과라고 봅니다.

한반도의 학교에서는 일본어로 교육이 행해졌습니다. 대검을 찬 일본인 교사가 학생에게 조선어 사용을 금지시키고, 자칫 조선어를 사용하면 벌을 주었습니다. 학생들은 일본어로만 대화를 해야 했습니다. 필자보다 대여섯 살 이상 많은 한반도 사람들은 지금도 일본어를 유창하게 할 수 있습니다. 필자의 한국인 친구의 누나는 〈고향〉, 〈단풍〉 등의 노래를 여전히 그리워하며 부릅니다. 필자의 친구는 다소 친일적인 편이며, '과거보다는 미래에 대해 이야기하자'라는 입장을 가진 사람입니다. 그러나 한반도에 살고 있던 사람들은 일본군에 의해 강제적으로 교육을 받은 것에 대하여 참을 수 없는 굴욕감을 가지고 있습니다. 그러한 교육을 받은 대부분의 사람들께서는 이미 돌아가셨고, 생존해 있는 분들은 얼마 남아 있지 않습니다. 지금도 일본군 위안부로 살았던 사람들과 징용당한 사람들의 영상이 TV에 방영되곤 하지만 이제는 연로하신 분들뿐입니다.

안중근

일본의 조선 지배가 시작되었을 무렵의 중요한 인물을 거론하고자 합니다.

안중근(1879~1910년)이라는 분은 조선 왕조의 지배 계급인 양반의 아들이자 군인이었습니다. 일본군에 의해 조선이 무장 해제된 것은 유학자이기도 한 그에게 너무도 굴욕적인 일이었습니다. 그는 동료들과 함께 반일 무장 투쟁을 위해 지하 운동에 몸을 담았습니다. 1909년 10월, 지금의 중국 흑룡강성 성도인 하얼빈 역에서 일본의 추밀원 의장 이토 히로부미(伊藤博文)를 2미터 거리에서 권총으로 암살했습니다. 그 자리에서 체포되었고 반년 후에 처형 당하였습니다. 그동안, 그는 일본 무사들이 귀감으로 삼을 만한 훌륭한 행동을 했습니다. 그는 가톨릭 신자이기도 했습니다. 이토 히로부미 하면 일본에서는 메이지 시대의 훌륭한 지도자이지만 한반도 사람들에게는 억압자였습니다. 안중근은 한국에서는 초등학교 교과서에도 빠짐없이 나오는 항일 투쟁을 한 민족의 영웅입니다. 그가 처형된 해에 한반도는 일본의 식민지가 되었습니다.

3·1운동

　일본의 식민지가 된 지 정확히 10년이 되었을 때, 한반도는 일본의 일부가 되었고, 총독이 일본 정부로부터 파견되어 사령관으로서 한반도 전 지역을 지배하고 있었습니다. 조선 왕조가 일본군 주둔을 인정한 1910년, 한반도에서 국가는 사라졌습니다. 사람들의 굴욕감은 해가 갈수록 더해졌습니다. 그러나 조금이라도 반일적인 활동을 하면 체포되었습니다.

　일본인은 '한반도 사람들을 도와주고 있다'고 생각했지만, 한반도 사람들은 한동안 끌려다니다가 일본의 지배하에 들어간 것에 대해 굴욕감을 느끼고 있었습니다. 많은 정치적 활동가들이 체포되어 옥에 갇혔습니다. 한반도 사람들은 세계인들에게 '일본의 지배는 부당하다'고 호소하기로 했습니다. 미국의 독립 선언과 같은 '독립 선언'을 해야 한다고 생각하는 사람들이 많아졌습니다.

'독립 선언문'의 기초는 1919년 2월 8일, 일본에 유학했던 조선 사람들에 의해서 도쿄 간다(神田)의 조선인 YMCA(청년기독교인협회) 회관에서 가장 먼저 작성되었습니다. 지금 그 장소는 도쿄 스이도바시(水道橋) 역 근처로 이전했는데 '재일본 한국인 YMCA'가 그곳입니다. 그 건물 현관 오른쪽에 독립 선언문 기초 기념비가 서 있습니다. 그리고 3주 만에 한국 서울의 중심부에 있는 YMCA 회관과 그 옆의 탑골공원에서 '독립 선언문'이 낭독되었습니다. 1919년 3월 1일 이른 아침, 지금으로부터 백여 년 전에 서울 시민 약 십만 명이 그 공원에 일본군 모르게 집결하여, 33명의 민족 대표가 서명한 선언문을 낭독한 것입니다. 각지에서 이와 같은 일이 이루어졌습니다. 이것이 한국의 '3·1운동'입니다.

"우리는 오늘 조선이 독립한 나라이며, 조선인이 이 나라의 주인임을 선언한다. 우리는 이를 세계 모든 나라에 알려 인류가 모두 평등하다는 큰 뜻을 분명히 하고, 우리 후손이 민족 스스로 살아갈 정당한 권리를 영원히 누리게 할 것이다. …"

이것은 선언문 첫머리입니다. 선언 후 사람들은 "독립 만세"를 외치며 시내를 행진하기 시작했습니다. 선언문이 전국에 배포되어 각지에서 일제히 봉기하기 시작했고, 약 3개월에 걸쳐 시위가 계속되었습니다.

세계에 호소하는 독립 선언문 작성이라는 전술은 일본 정부에게는 일종의 기상천외한 발상이었기 때문에 조선 총독부도 군부도 전혀 눈치채지 못했습니다. "내일 아침, 비폭력 시위행진을 한다. 서울 시민은 파고다공원(현 탑골공원)으로 모여라."라는 내용의 전단지가 배포되었습니다. 일본에 병합된 지 벌써 10년 가까이 지났고 식민지화에 대한 저항 활동을 한 정치 활동가는 거의 구속된 상태였기 때문에 이 계획은 일반 시민과 기독교 목사와 일반

신자들에 의해서 계획되었습니다. 전국 집회의 총수 1543회, 참가자 총수는 약 205만 명, 사망자 약 7509명이었습니다.[15]

조선총독부는 허를 찔린 듯 속수무책이었습니다. 이 독립 선언문 발표라는 의사 표시는 대성공이었습니다. 그만큼 총독부와 일본 정부의 체면은 완전히 망가지게 되었습니다. 그러나 이 운동에 대한 외국의 지원·협찬은 없었습니다. 각국의 이해관계가 얽히면서 이 독립운동은 국제적인 정치운동으로 확산되지는 못하였고, 한 나라의 시민에 의한 독립 선언문 발표에 그쳤습니다.

그러나 이것은 500년 동안이나 조선 왕조의 통치를 받다가 이제는 외국 일본의 지배를 당하게 된, 극빈에 허덕이는 서민들에게는 역사상 최초의 시민 혁명의 봉화였습니다. 7월 4일이 미국의 독립 기념일로 미국인에게는 최고의 기념일인 것처럼, 3월 1일이 한반도의 사람들에게는 기념해야 할 최고의 날이 되었고, 지금도 한국 최대의 경축일입니다. 한국에는 이러한 시민 혁명이 있었다는 것을 미래를 위해서라도 꼭 기억해야 합니다.

일본에는 비슷한 시민 혁명이 없었습니다. 이러한 두 나라의 경험 차이로 인해 일본인들이 한국의 정치 상황을 종종 오인하는 경우가 많다고 생각합니다. 한국에는 '민중들이 목소리를 높여 국정을 변혁시킨다'는 전통이 생겼습니다. 그것은 이른바 '3·1절 정신'에서 온 것입니다. 현재 일본의 정치·경제 지도자의 발언을 보면 이와 같은 역사적 이해를 하고 있는 사람이 거의 보이지 않습니다.

유관순의 죽음 – 독립운동의 비극

3·1운동은 일본의 메이지 유신처럼 한국 역사상 매우 중요한 전기가 되는 사건입니다. 그래서 한국의 역사 교과서에서는 가장 중요한 항목으로 나옵니다. 망신을 당한 조선총독부는 가혹한 탄압을 시작했습니다. 그 후 한국 사람들이면 누구나 다 알고 칭송하는 유명을 달리한 한 소녀의 이야기가 알려집니다. '한국의 잔 다르크'라고 불리는 유관순(당시 17세)의 이야기입니다.

그녀는 지방에서 벌어진 시위 행진에 부모님과 함께 참가했습니다. 이화학당(여학교)의 학생이었지만 학교가 문을 닫는 바람에 고향으로 돌아와 있었습니다. 부모는 '아이가 비무장 시민의 선두를 걷는다면 헌병대라고 해도 총격을 가할 수는 없겠지.'라는 생각에 참가를 허락했고, 그녀는 부모와 함께 선두에서 걸었습니다. 그러나 헌병대는 무차별 총격을 가하였고, 부모를 비롯하여 30여 명이 사망하게 됩니다. 그녀는 오빠와 함께 헌병대에 체포되었고 가혹한 조사를 받다가 옥사하였습니다. 조선총독부가 한반도의 안정을 되찾기 위해 죽음도 불사하고 무차별적으로 탄압하는 바람에 발생한 비극 중 하나였습니다. 그녀의 이름은 초등학교 교과서에도 나올 정도로 모르는 사람이 없습니다. 그런 역사적인 소녀입니다.

기독교 신앙 때문에 쑥대밭이 된 마을 – 독립운동의 비극

또 하나는 '기독교 신앙 때문에 쑥대밭이 된 마을' 이
야기입니다. 이 또한 모든 한국인에게 알려진 비극입니
다. 3·1운동이 일제히 일어나고 45일 후인 4월 15일 오
후에 일어난 일입니다. 주위가 논으로 둘러싸인 초가지
붕의 집 33채가 모인 제암리라는 마을이 있었습니다. 서
울에서 남쪽으로 60km 정도 떨어진 장소입니다. 대부
분의 가족이 기독교인이라는 이유로 그 지방을 담당하
던 일본 헌병대는 마을을 눈여겨보고 있었습니다. 헌병
대 30여 명이 마을에 가서, "전할 말이 있으니, 남성은 마
을 가운데에 있는 교회당에 모여라."라고 명령했습니

다. 전원이 모였습니다. 한 남자는 아기를 품에 안고 한 가로이 와 있었습니다. 헌병대는 문과 창문을 못으로 박아 사람들을 가둔 상태에서 짚으로 엮인 교회당의 지붕에 기름을 뿌리고 불을 질러 전원을 살해했습니다. 미친 듯이 집에서 뛰쳐나온 아기 엄마가 울부짖었습니다. 일본군이 그 어머니의 목을 베어 버렸습니다. 교회당 안에서 아기의 아버지가 아기를 창문 밖으로 내밀고 목숨을 구걸했습니다. 일본군은 그 아이를 총으로 쏘아 죽였습니다. 남아 있던 마을의 가족들은 도망쳤습니다. 희생자는 23명이었습니다. 이 마을에는 천도교 신도도 있었는데 근처에서 6명이 학살되었고, 도합 29명이 희생되었습니다.

이 사실은 1, 2주 후에 캐나다 의료 선교사인 스코필드가 《뉴욕 타임스》에 알리면서 전 세계에 보도되었습니다. 일본 기자는 출입이 금지되었기 때문에 일본인들은 이 비극을 몰랐습니다. 필자의 선배 목사가 전후 모금을 하여 교회당을 짓기 위해 전력을 기울였습니다.

창문 밖으로 내밀어져 목숨을 구걸하던 아이의 기념 부조가 서울시의 독립운동 집결지인 탑골공원 안에 있습니다. 삼월 초하루 기념일에 필자는 제암리 마을에 재건된 교회의 예배에 참석했습니다. 요시다 고조(吉田耕三) 목사와 함께했습니다. 그는 해방 후 한국에 머물며 계속해서 참회운동을 하고 있는 서울 일본인 교회의 목사입니다. 그날 한국인 목사의 설교는 '일본인을 용서해야 한다. 그러나 이 비극을 결코 잊어서는 안 된다'는 것이었습니다.

이러한 비극이 한반도 곳곳에서 본보기로 벌어졌습니다. 한국인들은 이러한 식민지화를 전개한 일본인을 용서한다는 관대한 마음을 가지고 있습니다. 그러한 한국인에 대해서 일본인은 더 넓은 마음을 가지고 마주해야 하지 않을까요? 일본의 많은 사람들은 이러한 역사적 사실을 알지 못합니다. 역사는 민간에 의해 다양한 역사적 관점에 따라 쓰여져야 한다고 생각합니다. 진보가 있고, 보수가 있어도 괜찮지 않나요? 진실은 세월이 가면 갈수록 드러나는 것입니다.

일본의 교과서는 국가가 검정한 것만 사용하고 있는데, 초등학교 6학년 사회 교과서에 "조선을 병합하고 식민지로 삼았다."라는 기술이 불과 두 줄 정도 나올 뿐입니다. 그것도 '청일전쟁', '러일전쟁'에 대해 기술하는 가운데 그 일부로서 한국 병합을 다루고 있을 뿐입니다.[16] 또한 중학생 역사 교과서에도 3·1운동에 관해서 "조선에서 '3·1운동'이 일어나 많은 사상자와 구속자가 속출하는 가운데 5월까지 독립운동은 계속되었습니다."[17]라고 기술하고 있을 뿐입니다. 한국 초등학교의 모든 교과서에서는 언제 어떤 일이 일어났는지를 자세하게 다루고 있습니다.

일본 정부는 '이미 지나간 옛날 일'의 하나로 삼고 싶겠지만, 피해자 입장에서 보면 도저히 잊을 수 없는 일입니다. 일본 민족은 다른 사람을 배려하지 못하는 민족이 아닌 것은 분명하므로, 이러한 무관심은 일본인들이 마음속에 한국에 대한 특별한 차별 의식을 품고 있다고밖에 볼 수 없습니다.

3·1운동은 일본으로 하여금 무력·억압을 새롭게 하는

결과를 초래했습니다. 3·1운동은 단기적으로 보면 일본의 무단정치를 강화했을 뿐이고, 일본인들의 입장에서 보면 실패한 것으로 보일지 모릅니다. 그러나 전후 일찍이 그날(3·1운동)을 국경일로 정하고 한국 최대의 경축일로 기념하고 있는 사실을 볼 때, 한국에서는 대성공을 거둔 역사적 봉기의 날로 평가되고 있습니다.

황국신민서사

일제에 의한 식민지 지배는 36년간이나 이어졌습니다. 10세였던 아이가 46세가 될 때까지 이어진 것입니다. 일본 정부의 지배는 초기에는 비교적 온건한 변화였지만, 3·1운동을 계기로 크게 변화했습니다. 표면적으로는 온건하게, 실질적으로는 엄격해졌습니다. 친일 관료를 늘리고 일본에 도움이 되는 조선 사람을 다수 양성하려 했습니다. 그리고 태평양전쟁 직전에는 지금은 생각할 수 없는 정책들을 실행하기 시작했습니다.

태평양전쟁은 제2차 세계 대전 중의 하나입니다. 일본

과 미국을 중심으로 한 전쟁을 가리킵니다. 그것은 1941년 12월 8일부터 1945년 8월 15일까지 약 4년간에 걸친 전쟁이었습니다. 일제는 중국·동남아시아로 전선을 넓히고 있었습니다. 그 전쟁의 상세한 내용은 일본 교과서에서 다루고 있지 않습니다. 따라서 대부분의 일본인들은 중국이나 동남아시아에서 무슨 일이 어떻게 이루어졌는지를 상세하게 알지 못합니다.

태평양전쟁이 시작된 '진주만 공격'의 부대장은 전쟁이 끝난 후 기독교인이 되었습니다. 필자는 기습 공격 성공 완수의 암호였던 '도라도라도라'의 이야기를 후치다 미쓰오(淵田美津雄) 대장으로부터 직접 들었습니다. 전쟁을 시작할 때부터 일본의 많은 사람들은 이 전쟁이 무모한 것이었고 지나친 확전이었다는 것을 잘 알고 있었다고 합니다.

일제는 태평양전쟁을 시작하기 무려 4년 전부터 한반도에서 조선 사람들에게 '황국신민서사'을 암송하게 했습니다. 한반도 사람들은 "저는 대일본 제국의 신민이며, 천황에게 충성을 다하겠습니다…."라고 암송하지 않으면 안 되었습니다. 학교, 관공서, 은행, 신사, 광장 집회 등 모든 조직에서 매일 아침 조례 때 이를 낭독해야 했습니다. 또 신사참배와 일장기 게양을 강제로 행하게 했습니다. 이러한 일들이 일본군 병사들의 총부리를 앞에 두고 이루어졌습니다. 그리고 1938년에는 '국가총동원법'이 공포되면서 조선인도 태평양전쟁에 참전하도록 준비되었습니다. 조선인을 모두 세뇌하고 조선인의 정신과 뿌리를 모두 없애려는 정책이었습니다.

창씨개명

1940년에는 '창씨개명'이 강행되었습니다. 태평양전쟁이 시작되기 전년의 일입니다. 창씨개명이란 부모가 지어준 조선의 이름을 버리고 일본 이름으로 바꾸는 것입니다. 성(姓)도 이름도 스스로 만들도록 하였습니다. 대부분의 한반도 사람들과 일본에 온 한반도 사람들은 일본 이름을 지었습니다. 자신이 좋아하는 일본어 이름을 고르거나 아는 일본인들이 지어 주었습니다. 사람들 대부분이 이를 싫어했으나 어쩔 수 없이 일본 이름으로 바꾸어야만 했습니다. 물론 그것에 반대하고 일본 이름을 만들지 않는 사람들도 있었지만, 일본 정부에서 식량을 배포하지 않거나 행정 기관이 여러 가지 주민행정을 거절한다든지 등으로 위협하였기 때문에 약 80%의 사람들은 일본 이름을 받아들일 수밖에 없었습니다.[18]

1940년부터 5년간, 예를 들어 학교의 졸업 증서에도 학교의 생활 기록부에도 한글 이름은 없습니다. 지금에 와서 자신의 졸업 증명서를 받으려고 해도 거기에는 한글 이름이 존재하지 않습니다. 본인이 알고 있으면 그걸로 됐다고 생각할 수도 있지만, 한글 이름을 알고 있는 것은 본인과 가족뿐이고 다른 사람에게 증명할 길이 없는 것입니다. 현재도 한국인은 과거 일본의 식민 지배로 인한 부정적 유산을 짊어지고 생활하고 있습니다.

일본에 거주하고 있는 조선인과 한국인도 1945년 이전에 태어난 사람이라면, 모두가 일본어 이름을 가지고 있습니다. 필자의 학창 시절 친구들은 해방 후 절반 정도가 한글 본명을 사용했지만 절반 정도는 일본어 이름을 사용했습니다. 이후 귀화하는 사람들이 조금씩 늘어났는데, 그때 등록하는 일본어 이름은 예전에 진짜 본인이나 부모가 쓰던 일본 이름 '통칭명'이라고 들었습니다.

부모가 애정을 담아 지어 준 이름을 바꾸게 되는 것은 너무 비인간적인 일입니다. 그런 터무니없는 일을 다른 사람에게 강요할 수 없는 법입니다. 그러나 식량 배급을 받고 주민행정을 받기 위해서는 일본어 이름이 필수였기 때문에 대다수는 싫은 명령에도 따를 수밖에 없었습니다. 일본 제국은 왜 이렇게까지 해야 했을까요? 이것은 아직 태평양전쟁이 시작되기 전의 일이었습니다.

일본군 종군 '위안부'

그리고 4년간 격렬한 전쟁이 벌어졌고, 히로시마와 나가사키에 원자폭탄이 투하되면서 1945년 8월 15일에 일본의 패전으로 전쟁은 끝났습니다.

4년간의 악몽 같은 전쟁 중 한반도에서 약 10만 명 혹은 7만 명[19]이라고 전해지는 젊은 여성들이 강제적으로 일본군 '위안부'로 일본군의 성적 폭행을 받았습니다. 자살한 여성들이 많았다고 하지만 대부분의 사실은 어둠 속에 갇혀 있습니다. 그녀들의 피가 땅속에서 울부짖고 있습니다. 일본이 '본인의 동의하에 이뤄졌다'라고 아무리 우겨도 그

거짓말은 36년간의 무단정치 아래에서 벌어진 일이기 때문에 변명의 여지가 없습니다.

이 역사적 사실을 인정하려 하지 않고 발뺌하려는 일부 사람들이 끊이지 않고 나타납니다. 또 그러한 끔찍한 일을 영원토록 거론하지 말아 주었으면 하는 일본인이 많습니다. 언제나 일본인은 애매모호하게 하기 때문에, 한국인은 과거 국제 사회에 호소한 3·1운동과 같이 현재에도 각국에 일본군 위안부 소녀상을 설치하고 계속 호소하고 있습니다. 계속해서 소녀상을 설치하고 있는 그들이 사회적 상식을 벗어난 걸까요? 역사적 사실을 인정하지 않는 사람들이 사회적 상식을 벗어난 걸까요? 사실을 인정하고 사과하면 한반도 사람들은 용서해 줄 수 있다고 생각합니다. 이 문제의 해결을 늦추고 있는 것은 일부 일본인입니다.

필자의 초등학교·중학교 시절의 친구 중에는 부모가 전사한 친구가 있었습니다. 명예로운 전사가 아니라 말라리아라는 병환으로 전쟁터에서 돌아가신 친구 아버지도 있었습니다. 그때에는 당연한 것처럼 들었지만 지금 생각하면 그들의 아버지들은 당시 20대였습니다.

한반도 사람들은 일본군의 항복을 라디오로 듣고 각지에 '보안 위원회'를 조직하여 무정부 상태의 혼란을 피하기 위해 치안 유지에 나섰습니다. 한반도 사람들은 일본인들에게 물건을 던지거나 욕설을 퍼부어 일본으로 귀국하게 하였습니다. 조용히 지켜보는 사람들도 있었습니다. 일본에서는 관동 대지진 때 '조선인이 우물에 독을 넣고 있다'거나 '불을 지르고 있다'는 유언비어가 돌아 약 6천여 명의 한국인들이 학살된 사건이 있었지만, 한반도에서는 그런 사건이 발생하지 않았기 때문에 약 90만 명의 일본인이 귀국할 수 있었습니다. 물론 남북으로 분단되어 있지도 않았던 때라 지금의 북한 지방에 있던 일본인들도 귀국했습니다.

필자가 아는 일본인 목사는 북한 해주의 교회에서 목회를 하다가 소집 영장을 받아 중국 대륙 북부로 가게 되었고, 그곳에서 전사했습니다. 부인은 세 명의 어린아이를 데리고 목숨만 건져 일본으로 도망칠 수 있었습니다. 그

부인은 필자와 같은 교회에서 목사로 일하다 은퇴하여, 지금도 104세로 건강하게 지내고 있습니다. 어제까지 지배자 신분으로 있다가 '일제의 앞잡이'로 하루 만에 쫓기는 신세가 된 부인은 일부러 얼굴에 먹칠을 하고 야간 도피 생활을 해야 했습니다. 얼굴에 먹칠을 한 것은 추격해 오는 러시아군의 폭행을 피하기 위해서였습니다. 36년간의 한반도 식민 지배는 이렇게 끝이 났습니다.

6
100년 동안이나
고통 당했던 나라

한국전쟁

　1945년에 제2차 세계 대전이 끝나고, 한반도에는 봄이
오는 듯했습니다. 그러나 북쪽은 1945년부터 소련의 영향
을 받기 시작하면서 '조선민주주의인민공화국'이 되고, 남
쪽은 미국의 영향 아래에 있게 되어 '대한민국'이 되면서
남북으로 분단되었습니다.

　1949년에 남측의 대한민국에서는 '농지개혁법'이 제정
되어, 많은 농민이 자신의 토지를 가진 자작농이 될 수 있
었습니다. 그 기쁨은 얼마나 컸을까요? 그러나 일본에 의
해 경제적으로 파탄이 난 나라를 재건하는 것은 보통 힘든

일이 아니었습니다.

한반도의 북쪽에서는 소련군이 들어와 해방된 지 두 달 만에 김일성이란 사람을 북측의 장군으로 삼았습니다. 김일성이 이끄는 공산군은 1950년 6월 25일에 돌연 남측의 수도 서울로 진격하여 순식간에 거의 전 국토를 장악했습니다. 그것을 침략 행위로 규정하고 미군을 중심으로 한 16개 나라 연합군이 공산군을 물리칩니다. 그리고 북위 38도선을 중심으로 계속 대치하다가 휴전이 성립되어 현재에 이르게 되었습니다. 이것이 이른바 3년간의 '한국전쟁'입니다. 한반도는 북측도 남측도 초토화되었습니다.

현대 무기에 의한 격렬한 전쟁이 벌어졌기 때문에 사망자 수가 상상을 초월할 정도로 늘어났습니다. 한국전쟁의 격전은 초기 9개월간이었습니다. 그 후 전투가 계속되면서 3년간 북측 사망자가 272만 명이 나왔습니다. 이는 북측의 총인구의 28.4%에 해당됩니다. 남측의 사망자는 133만 명이었습니다. 미군 사망자가 6만 3000명이었습니다. 작은 반도는 그야말로 시체 더미로 뒤덮였습니다. 많은 한국인이 지금도 자신의 나라를 공산화로부터 지키기 위해 외국인인 미국인들이 이 정도로 희생을 치른 것을 잊지 않고 있습니다. 한반도가 북측과 남측으로 분단되면서 친형제나 결혼으로 가족이 되고 친척이 되었던 사람들은 이산가족이 되고 말았습니다.

필자가 다녔던 일본 중학교 교문 앞에는 헌혈의 집이 있었습니다. 한국전쟁에서 부상당한 미군에게 대량의 수혈이 필요했습니다. 피를 몇 cc 채혈해서 파는 것으로 몇 백 엔의 수입을 얻을 수 있었습니다. 일거리가 없는 일본인 어른들에게 그 액수는 하루 일당에 해당하는 것이었다고 합니다. 게다가 커피와 빵 한 조각을 얻어 먹을 수 있었습니다. 한국전쟁은 일본에겐 특수였고, 일본 경제에는 큰 이익이었습니다. 그러나 한반도 사람들에게 있어서는 동족 간의 살육이라는 비참한 불행이었습니다.

한국전쟁은 2020년대를 맞이한 오늘날에도 끝나지 않았습니다. 한반도는 38도선(북위 38도선)의 철조망으로 분단되어 있습니다. 판문점(38도선상에 있는 남북 사무소)을 방문하면 누구나 남북이 지금도 전쟁 중임을 실감합니다. 전쟁은 공산주의 체제와 자유주의 경제 체제의 차이에서 시작되었기 때문에 어느 한 쪽이 부러지지 않는 한 끝나지 않을 것입니다. 서울과 평양의 거리는 겨우 196km에 불과합니다. 그러나 분단된 같은 민족 안에는 나뉘어진 가족이 있습니다. 조선 왕조와 일본군의 통치에 이어 제2차 세계 대전이 끝났음에도 한반도는 한국전쟁으로 분단된 불안정한 상태입니다. 여기에 현재를 포함하면 '고난의 시대'는 백 년 이상 계속되고 있는 것입니다. 이 현실과 아픔을 일본 국민은 알아야 한다고 생각합니다.

한국인들은 한국전쟁을 '전쟁'이라고 부르지 않기도 합니다. '동란' 혹은 '6·25'(북측이 기습 공격을 펼친 것이 6월 25일)라고도 부르고 있습니다. 전쟁이란 국가와 국가의 싸움이지만 한반도 사람들에게 있어서는 국내 문제이지 결코 전쟁이 아니기 때문에 (국내의) 동란이라고 합니다. 이 일을 일본인은 심각하게 생각해야 합니다. 그들에게는 한일 문제, 한미 문제보다 더 우선시되어야 할 문제일 수밖에 없습니다.

남북한의 통일 문제는 한반도 사람들에게 말하자면 가족의 문제와 같은 것입니다. 한 명의 사람으로서 가족 문제는 항상 우선시되는 것이 아닐까요? 한국인에게 남북 분단은 가족이 분단된 것과 다름없는 문제입니다. 일본에서 육안으로 볼 수 있을 만큼 가까이 있는 이웃나라의 이러한 가정 형편을 모르는 일본인들은 섬나라 사람 기질에서 오는 편협한 속마음, 나쁜 우월 의식, 차별 의식이 바탕에 깔려 있는 것이 아닐까요? 일본인들은 한반도의 불행을 더 부드러운 마음을 가지고 살펴보아야 하지 않을까요?

　어느 민족에게나 상냥함과 잔인함이 있습니다. 어느 인간에게도 상냥함과 잔인함이 있습니다. 벌레도 죽이지 않을 것 같은 착한 마음씨를 가졌다고 해도 자신의 팔에 앉아 있는 모기를 순간적으로 찰싹 손으로 때려 죽입니다. 모기는 납작해져 죽어 갑니다. 36년간의 식민지 시대에는 무서운 이야기도 있고 동시에 이른바 '미담'이란 것도 있습니다. 인간은 무서운 마음과 부드러운 마음을 동시에 가지고 있기 때문에, 지금이야말로 일본인들은 그 착한 마음을 보여 줘야 한다고 생각합니다. 일본인들이 그것을 보여 준다면 한일 관계는 지금까지 없었던 새로운 번영의 시대를 맞이할 것입니다. 그러기 위해서는 우선 일본인들의 마음속에 잠재되어 있는 역사적 차별 의식을 개선하는 것이 우선이라고 생각합니다. 해결할 수 있는 공은 일본이 가지고 있는 셈입니다.

한국 사람들은 지금 일본이 '제국주의'에서 '민주국가'로 바뀐 것을 잘 알고 있습니다. 그러나 일본인은 얼마 전까지 '제국주의 시대'가 있었다는 것을 잊으려고 하고, 지금이 '민주국가'인 것만 강조하려 합니다. 한국 사람에게 '일제 36년간'이라는 말은 옛말이 아니라 지금도 생생하게 살아 있는 말입니다. 필자는 이미 그 시대에 태어났습니다. 필자의 뇌리에는 관동 대지진 때의 조선인 학살을 말해 준 어머니의 얼굴, 함께 놀았던 이웃집 조선인 아이가 왜 학교에 오지 않았는지 하는 것, 같은 반에 있던 몇몇의 한국인 친구들, 집 앞에 살던 한국에서 온 할머니가 자살한 일, 한반도에 대한 책을 읽은 일, 처음으로 한국에 가서 멋진 집에 사는 할머니와 일본어로 대화한 일들이 남아 있습니다. 그 모든 것들은 옛날의 추억이 아닌 지금도 생생한 현실입니다. 일본인이 "전쟁이 끝나고 70년이나 흘렀으니 과거의 이야기보다 미래의 이야기를 합시다."라고 말한다는 것은 너무도 부끄럽고 어처구니 없는 일이 아닐까요?

의인 손양원

이야기 순서가 조금 바뀌지만, 한국전쟁 중에 일어난 일을 하나만 소개하겠습니다.

손양원이라는 분은 1902년 일본의 식민지가 되기 8년 전에 한반도의 북부에서 태어났습니다. 초등학교와 중학교에 다니던 시절에 조선의 학교에서 일본어 교육을 받았습니다. 신사 참배가 강요되었지만, 그의 부모님 모두 기독교인이었기 때문에 거부했다고 합니다. 그 이유로 초등학교 중학교 모두 퇴학 처분을 받고 말았습니다. 19세에 일본 와세다 대학에서 유학을 했습니다. 21세에 성령 체험(하나님이 영적 존재임을 체험하는 것)을 한 후 평양의 신학교에 입학했습니다. 33세에 졸업을 하여 목사가 되었습니다. 그러나 1940년에 신사참배를 하지 않았다는 이유로 체포되어 5년간 옥살이를 했습니다. 일본이 패전하면서 출옥할 수 있었습니다. 한국에서는 이러한 목사를 '출옥성도'라고 부르고 있습니다. 이런 사람들이 한국에 많이 있었습니다. 그가 의인이라는 말을 듣게 된 것은 그 후에 일어난 일 때문이었습니다.

1945년에 그는 출옥과 동시에 남쪽으로 이사했습니다. 목사로 활동을 하면서, 한편으로는 나병환자(한센인)들을 헌신적으로 섬겼습니다. 나병환자들을 위해 봉사활동을 하는 목사님과 신부, 수녀와 일반 사람들이 많았는데, 그는 그런 사람들 중 하나였습니다. 그러던 중 폭동이 일어났고 그의 두 아들이 공산당원에게 총격을 당해 사망하고 맙니다. 살해자는 안재성이라는 이름의 청년이었습니다. 손양원 목사는 가해자를 불쌍히 여겨 탄원서를 제출하였고, 그가 출옥한 후에는 죽은 두 아들을 대신해 양자로 입양하여 그를 돌보았습니다.

그런데 1950년 북측이 갑자기 서울로 진격해 순식간에 거의 전역을 수중에 넣게 됩니다. 한국전쟁이 일어난 것입니다. 그는 자신의 교회를 지키다가 공산군에게 살해당하여 순교를 하게 됩니다. 48세 때의 일입니다. 젊은 나이에 돌아가셨지만 그의 삶은 같은 고통 속에 있었던 한반도 사람들의 가슴을 울렸습니다. 어려운 와중에도 신념을 지키며 살았기 때문입니다. 그는 '사랑의 원자탄'이라고 불립니다. 원자폭탄과 같은 충격을 한국인들에게 주었습니다. 이 외에도 기독교인들의 이러한 헌신적인 역할은 여러 번 있었습니다. 이는 후에 한국이 '기독교국'이 되어 가는 밑거름이 되었습니다.

한반도의 고통은 아직 끝나지 않았습니다. 일본인은 시대 구분을 패전을 중심으로 전전과 전후로 나누어 생각합니다. 한국인이 그러한 구분을 하지 않는 것에 대해 일본인은 한번 생각해 본 적이 있을까요? 인류 역사에는 끔찍한 일들이 많이 있지만, 민족 전체가 100년 동안이나 고난 속에 있다는 것은 너무나 가혹한 고통입니다. 그 출발점이 20세기 초두에 일본이 조선 반도를 침략하면서 시작되었다는 것을 생각해 보면, 현재의 한일 관계 문제에 대하여 새로운 눈이 열릴 것입니다.

7
순교자가 많은 나라

순교자

일본에서는 '숨어 있는 기리시탄(그리스도인)' 이야기가 유명합니다. 그것은 역사 교과서에도 나와 있을 정도로 누구나 다 아는 역사적 사실입니다. 그것과 마찬가지로, 한국에서는 순교자의 이야기가 유명해서 누구나 알고 있습니다. 그리고 순교자의 수가 매우 많습니다.

조선 왕조 시대에는 일본과 같은 이른바 '기리시탄 전도'가 없었습니다. 쇄국 정책을 펼치고 있었기 때문에 천주교 선교사들은 한반도 안으로 한 발짝도 들어갈 수 없었습니다. 가톨릭 교회의 전도는 1784년에 중국에서 신앙을 갖게 된 조선 왕조의 관리가 귀국하면서 시작되었습니다. 즉 신부나 선교사에 의해 시작된 것이 아니라 가톨릭 교회의 한 명의 '신도'로부터 시작되었습니다. 이러한 예는 세계 가톨릭 교회에서 드문 일입니다.

명동이라는 명소는 도쿄의 하라주쿠(原宿)와 같은 곳입니다. 요즘 유행하는 다양한 최신 화장품과 옷을 살 수 있는 가게가 많은 곳입니다. 한적한 뒷골목으로 들어가면 '천주교 명동성당'(한국에서는 가톨릭 교회를 '천주교', 개신교 교회를 '기독교'라고 부릅니다)이 있습니다. 옛날 그곳에는 김범우라는 사람의 집이 있었습니다. 그 사람은 한국에 들어온 지 얼마 안 돼 가톨릭 교회의 신자가 되었고, 최초의 순교자가 된 사람입니다. 그의 집터에 지금의 성당이 세워졌고, 그곳이 한국 가톨릭 교회의 본부가 되었습니다. 필자는 그곳에서 일하는 신부 및 직원과 인터뷰를 한 경험이 있습니다.

조선 왕조가 유교를 국교로 삼고 있었기 때문에 한국 가톨릭 신도 중에서 많은 순교자들이 생기게 되었습니다. 조선 왕조의 조직적인 박해는 여러 차례 일어났으며, 그때마다 수천수만 명의 순교자가 발생했습니다. 오랜 과거의 일이라 정확한 인원수를 알 도리가 없습니다. 그러나 기념 성지가 곳곳에 있습니다. 『한국통사』라는 책에는 1866년, 메이지 시대가 되기 2년 전의 대박해에서 12만 명이 순교하였다고 합니다만(신뢰할 만한 숫자는 8천 명 정도이지만 추위와 굶주림에 의한 사망자까지 포함하면 수만 명에 이른다고 추정됩니다), 이른바 대박해가 끝난 것은 1871년이었습니다. 일본의 식민지가 되기 조금 전인 39년 전의 일이었습니다. 다시 말해 조선 왕조 말기에 매우 큰 박해가 집중되어 있었다고 할 수 있습니다.

해방 전 한국의 국민적인 소설가 이광수는 1935년에 다음과 같이 말하고 있습니다.

"저는 천주교도 수만 명의 순교자들을 존경합니다. 그 역사를 충분히 알 수 없는 것이 매우 안타깝습니다만, 조선에서 수만 명의 순교자가 배출되었다는 사실은 사라지지 않을 영광이라고 생각하고, 제 혈관에도 이러한 순교자의 피가 흐르고 있다는 것을 생각하면 마음이 굳건해지고, 또한 큰 영광임을 느낍니다."[20]

교회 역사 전문가인 C. H 로빈슨이라는 사람은 한국의 천주교 박해와 관련하여 "고대 로마 제국의 기독교가 19세기 전반에 한국 성도가 70여 년에 걸쳐 당한 만큼의 수난을 겪었는지에 대해선 간단하게 말하기 어렵다."[21]라고 서술하고 있습니다. 개신교 박해는 전술한 바와 같이 '3·1운동' 때와 그 이후로 많아졌습니다. 이 독립운동 때의 희생자는 약 7000여 명이었고 그중에 대부분은 개신교 신자였습니다. 신사참배를 거부했기 때문에 투옥된 사람이 약 2000명, 옥사한 사람이 약 500명이었습니다.[22]

일반적으로 박해를 당하게 되면 그 종교의 신자가 되려는 사람이 적어질 것이라 생각하는 경향이 강한데, 실제 역사에서는 순교자의 신앙심이 강하다는 게 증명되어 나중엔 신자가 늘어나는 결과로 나타나고 있습니다. 이에 대하여 3세기 교부 테르툴리아누스(터툴리안)가 『호교론』이라는 책에서 "그리스도교도의 피는 씨앗인 것이다."[23]

라고 말하고 있습니다. 씨앗이 결실을 맺을 때 60배, 100배의 열매를 맺듯이, 순교자의 생애를 보고 많은 신자들이 태어나는 것을 말합니다. 한국에는 그러한 예가 많고, 순교 성지가 많이 있습니다.

한국의 학교

　일본의 미션스쿨은 비교적 부유한 가정의 자녀를 대상으로 한 교육에서 시작되었지만, 조선 반도의 미션스쿨은 수업료도 낼 수 없는 가난한 자녀를 위해 시작되었습니다. 여기에도 민족성의 차이가 드러난다고 생각합니다. 이화여대도 가난한 여성들을 위해 시작되었고, 연세대도 고아 교육으로 시작되었습니다. 이 학교들은 일본의 식민지가 되기 전에 설립되었습니다. 그러나 해방 전에는 대학 교육을 할 수가 없었습니다. 일본 정부가 그것을 허락하지 않았기 때문입니다(경성제국대학이 있었지만, 그곳은 일본인 학생이 70% 정도 차지하고 있었습니다). 그래서 대학

교육을 받고 싶다면 일본에 가야만 했습니다. 해방 후 한국의 공립 대학이 발전하였습니다. 한국은 조선 왕조 시대부터 과거 제도를 시행함으로써[24] 교육 수준에 따른 입신출세가 제도화되었기 때문에, 일본 이상으로 학교의 서열화나 수험 경쟁이 치열합니다. 한국의 입시 전쟁의 어려움은 일본에서도 가끔 뉴스가 될 정도입니다.

최근 한국에는 공립 학교가 늘었지만, 해방 전까지는 학교라고 하면 기독교 학교로 생각될 정도였습니다. 이 일은 일본인들에게 잘 알려지지 않은 일입니다. 2010년경에도 복지시설의 80%가 기독교 계통의 시설이었습니다. 한국은 복지국가를 지향하고 있기 때문에 시설 중에서도 공립 시설이 늘어나고 있습니다. 이처럼 기독교가 앞장서서 한국의 발전에 기여해 온 덕분에 한국이 '기독교 나라'라고 불릴 수 있게 되었다고 생각합니다.

교회

　현재 한국에는 열네 개의 '메가처치'(초대형 교회)가 있습니다. 신도 수가 만 명이 넘는 교회를 '메가처치'라고 부릅니다. 수천 명 규모의 교회는 보통입니다. 지방에 가면 작은 교회들이 수없이 많이 있습니다. 교회의 크고 작음이 큰 문제는 아닙니다. 규모와 상관없이 교회에서는 자신이 어떻게 살아갈 것인지를 중요한 문제로 다루며, 그리스도처럼 이웃을 사랑하기 위한 다양한 방법을 모색합니다. 이와 같이 매일 꾸준히 자신을 내적으로 연마하는 한국인을, 과연 일본인은 생각해 본 적이 있나요?

많은 한국 교회에서는 인간적인 지혜의 사상이 아니라 하나님의 사고방식을 배우고 있습니다. 가령 성경 말씀에는 "내(하나님) 생각이, 너희의 생각과 다르며"(이사야 55:8)라는 구절이 있습니다. 목사나 신부는 "인간의 지혜와 하나님의 지혜는 크게 다르기 때문에 스스로 옳다고 생각한 일이라도 하나님의 지혜로 달라져야 한다. 마지막에 남는 바른 것은 하나님의 지혜일 뿐이다."라는 식의 설교를 많이 합니다.

또한 한국 기독교인들은 "당신들은 '남은 자들'이다."라는 식의 설교를 듣고 있습니다. '남은 자들' 사상이란 구약성경(특히 이사야서나 예레미야서)에 나오는 가르침으로, 역사의 진실은 소수의 살아남은 자들에 의해 계승되어 그 남은 자들이 다음 시대를 개척해 나간다는 가르침입니다. 많은 동포들이 지난 100년간 목숨을 잃었습니다. 살아남은 자가 죽은 이들의 원통한 몫을 살아가야 한다고 생각합니다. 한국 국민의 1/3이 일요일에 이러한 수준 높은 종교교육을 받고 있다고 말할 수 있습니다. 어쩌면 한국인은 일본인이 생각하는 민족이 아닐지도 모릅니다.

한국뿐만이 아니라 현재는 아프리카, 아시아 등 세계 각지에서 같은 움직임이 있고, 인류는 자신이 어디에서 와서 어디로 가야 하는지를 찾고 있습니다.[25] 그렇게 진지한 사람들이 많은 한국에 대해서 일본인들은 그저 트집잡기에 연연하는데, 과연 옳은 일일까요?

한국은 한국전쟁 후 1970년부터 1990년까지 20년간을 중심으로 기독교인의 수가 급증하였습니다. 그것은 기독교 역사 중에서도 경이로울 만한 발전이었습니다. 해방 전에는 불과 인구의 겨우 2~3% 정도밖에 되지 않던 기독교인이 지금은 최대 25%에 이르고 있습니다. 일요일에 한국의 번화가를 걸으면 많은 사람들로 붐비고 있어 어디에 기독교인이 있을까 싶은데, 번화가에서 조금 벗어난 교회에 수백 명, 수천 명의 사람들이 가득 차 있습니다. 일본의 미디어가 한국의 전체상을 올바르게 그려 내지 않았기 때문에 편향된 정보가 넘쳐나고 있다고 생각합니다.

한국전쟁이 종료된 1953년경, 한국의 천주교도는 15만 7000명 정도였고 개신교 신자 수는 60만여 명에 불과했던 것으로 추정됩니다. 당시 한국의 인구가 2070만 명이었으니 겨우 3.6%에 지나지 않았습니다. 그런데 2010년에는 남측의 총인구가 4850만 명이었고, 천주교인이 520만 명, 개신교인이 1200만여 명으로 국민의 30% 정도가 기독교도였습니다.

일본에서는 항간에 화제가 된 집단 결혼식 등의 특색이 있는 교회를 다루는 경향이 있습니다만 그것은 아주 일부이며, 대부분의 교회는 수수한 활동을 하고 있습니다. 밤이 되면 여기저기 확연히 눈에 띄는 붉은 네온의 교회당이 보이는데, 그것은 원색 취향에 자기주장이 강한 국민성의 발현 때문이라고 생각합니다. 교회 안에서 이루어지는 가르침은 성경을 중심으로 한 순수한 가르침입니다.

북한의 기독교계 모습은 여행자의 몇몇 정보이기 때문에 단정적으로 말할 수는 없습니다. 일본의 식민지가 되기 직전인 1907년에 평양 시민은 4만에서 5만 명 정도였다고 하는데 그중 1만 4000명이 기독교인이어서 '동양의 예루살렘'이라고 불렸습니다. 그러나 공산주의 국가가 된 이후로 북한의 교회는 현재 혹한의 시기를 맞이하고 있습니다. 2019년에 재일대한기독교회(필자가 현재 주일예배에 다니고 있는, 재일 한국인 주축의 장로계 교파)의 지도자들이 북한 교회 초청으로 북한 기독교인들과 교류했습니다. 그에 의하면, 정부의 허가하에 예배는 허용되고 있다고 합니다만, 새로 신자가 되는 사람이 없어 신자 수가 감소하고 있다고 합니다.

한국 기독교의 특징

여러 번 한국을 방문하고, 그때마다 교회 예배에 참석하며 일본 교회와의 차이를 실감하였습니다. 그것은 성경에 대한 그들의 태도입니다. 일본인 목사의 눈으로 보면 한국 개신교회의 사람들은 자세를 바로 하고 앉아 성경을 읽는 선비처럼 보입니다. 이것은 필자의 개인적인 생각이 큰 것일지도 모르지만, 한국 기독교인은 성경이라는 위대한 책을 아무 의심 없이 그저 한결같이 믿고 들으려는 태도를 가진 것으로 보입니다. 느낌입니다. 다시 말해 유학자들과 성경 속 인물들이 겹치는 듯한 인상입니다.

목사들의 설교 중에도 미국 청교도의 영향을 강하게 느꼈습니다. 한국의 목사들은 성경을 하나님의 말씀으로 매우 경건하게 대하고, 설교에는 "당신이 살 길은 이것밖에 없습니다."라고 해 힘이 넘치는 게 느껴집니다. 청중들도 그런 설교를 듣지 않으면 집에 가지 않겠다는 듯한 태도로 열심히 경청하였습니다. 일본 교회와 비교해 본다면 일본 교회는 '성경에서 배운다'는 태도가 중심인 데 반해, 한국 교회는 성경을 하나님의 직접적인 음성으로 대하려는 '옷 매무새를 다듬고 듣는다'는 태도입니다.

유교적인 측면을 지닌 한국 교회의 신앙은 청교도적인 분위기를 간직한 신앙이라고 할 수 있을지도 모릅니다. 한국에 최초의 개신교 신앙을 들여온 사람들은 장로교회와 감리교회의 선교사들이었습니다. 그들의 신앙은 19세기 후반이었기 때문에 미국의 청교도적인 신앙을 간직하고 있었습니다. 이후 들어온 다른 교파 목사들에게도 같은 경향이 있었습니다. 청교도적인 신앙이라는 것은 순수하고 엄격한 신앙을 중심으로 하는 신앙이라고 바꿔 말할 수 있습니다. 그것은 유생들이 새벽에 일어나 유교의 책을 읽어

몸과 마음을 바로잡고 하루를 시작하는 것과 같은 태도입니다. 실제로 유학자들이 어떤 생활을 하고 있었는지 필자는 상세하게 알지 못하지만, 한국 기독교도가 성경을 하나님의 말씀으로 겸손하게 듣는 태도를 가지고 있다는 점에서 통하는 점이 있다고 느껴집니다.

성경 맨 처음에 천지 창조의 이야기가 나오는데, 한국 교회에서는 '하나님이 만물을 창조하셨다는 것', '하나님이 인간을 남자와 여자로 창조하였다는 것', '인간은 선천적으로 깊은 죄성을 가지고 있다는 것', '하나님에게는 어떠한 것이 있어도 거역할 수 없다는 것' 등에 대해 직설적으로 설교합니다. 일본 교회에서는 '만물이란 무엇인가', '이혼이 옳은 것인가 그릇된 것인가', '왜 인간에게는 원죄가 있는가', '하나님은 절대적 지배자이신데 왜 사회에는 악이 존재하는가' 등 이른바 지적인 '응용편'을 주로 거론합니다. 한국 교회에서는 목사님의 설교가 일상적인 사례를 통한 격려, 고무, 가르침으로 가득 차 있습니다. 일본 교회에서는 설명과 설득으로 가득 차 있습니다. 같은 성경 구절로 설교를 하더라도 일본 교회와 한국 교회에서의 설교는 다른 점이 많습니다.

　장로교회에서 '장로'를 대하는 방식에도 일본과 한국은 차이가 있어 보입니다. 한국에서는 장로를 '장로님'이라고 부르며 존경을 표합니다. 또한 한번 장로로 임명되면 평생 장로님입니다. 김영삼 대통령이 "대통령이 되는 것보다 장로가 되는 것이 어렵다."라고 말했습니다. 그는 충현교회 장로였습니다. 일본에서 장로는 2년이나 3년의 임기가 있어 PTA(학교 학부모 모임)의 '임원'처럼 보입니다. 성경에서는 장로라는 단어가 현재의 '목사'에 가장 가까운 존재로 사용되고 있습니다. 이 한 가지를 보더라도, 한국 교회가 보다 더 성경에 충실함을 느낍니다.

　한국에는 신도 수가 70만 명에 달하는 교회가 있습니다. 세계에서 가장 큰 교회입니다. 조용기 목사가 개척하여 세워진 교회입니다. 그는 1936년 출생이기 때문에 일본어를 유창하게 말할 수 있어서, 필자는 그의 일본어 설교와 영어 설교를 들은 적이 있습니다. 어학에 뛰어난 사람이고 매우 영적인 사람입니다. 그의 기도로 많은 환자들이 치유를 받았습니다. 스물두 살 때, 서울시의 가난한 동네 공터에 천막을 치고 길거리에서 설교를 시작했습니다. 한국전쟁이 끝난 직후로 한국이 매우 가난했던 시절입니다. 힘있는 설교와 치유의 은사를 하나님께 받은 덕분에 그의 교회는 3년 후 600명이 모이는 교회가 되었습니다. 1980년에는 20만 명의 교회가 되었고, 미국의 《로스앤젤레스 타임스》에 '세계 최대 개신교 교회'로 소개되기도 하였습니다. 그것이 '여의도순복음교회'입니다. 그가 2008년에 은퇴한 뒤, 같은 교파인 도쿄교회의 목사가 후계자로 결정되었습니다. 조용기 목사는 지금도 건강하고 가끔 일본 교회에서 활동도 하고 큰 집회 등에서 인사를 하고 있습니다. 많은 사람에게 카리스마가 있다는 말을 듣기도 하지만 매우 성실한 사람이며, 뛰어나기도 하지만 보통의 목사이기도 합니다.

일반적으로 말하자면 세계 어디서나 교회에는 10명 혹은 100명, 많으면 1000명 정도가 모입니다. 여의도순복음교회처럼 일요일에 만원 버스가 주차장을 수시로 드나들고, 주일에 다섯 번이나 예배가 경건하게 진행되는 등 몇

만 명이 다니는 교회는 드문 편입니다. 서구적인 교회론의 입장에서는 생각할 수 없는 것이지만, 이러한 대담하고도 새로운 것을 이룰 수 있다는 점에서 한국인의 특질을 잘 나타내고 있다고 봅니다. 창조적이고 치밀하며 계획적이고 대담합니다. 그것은 대륙적이고 게다가 숭고한 의식을 가진 민족적 특징이 배후에 있음을 느끼게 합니다.

필자는 2010년 '대통령 조찬 기도회'에 초대를 받았습니다. 큰 전시장에 1000여 개의 철제 의자가 테이블마다 준비되고 눈앞 단상에는 목사와 이명박 대통령이 앉았습니다. 성경 낭독과 짧은 설교, 몇 명의 기도에 이어 국가를 위한 기도와 남북통일을 위한 기도도 있었습니다. 놀라운 것은 그다음이었습니다. 각 테이블의 웨이트리스들이 거의 한순간이라고 해도 좋을 정도로 빠르게 아침 식사를 차렸고, 커피가 제공되었으며, 식사가 끝난 후 일반석 시민들이 출근하기 위해 서둘러 나갔습니다. 딱 한 시간 안에 끝났습니다. 대통령도 집무를 위해 돌아갔습니다. 일본과 달리 국토 면적이 작아서 그런지, 국민들이 한 가족처럼 움직이는 일면을 가지고 있음을 강하게 느꼈습니다.

8
재일 조선인·한국인의
외로운 싸움

일본에 남겨진 사람들

　한반도에서 일본으로 건너간 사람들은 일제의 식민지
가 된 1910년에는 겨우 3000명에 지나지 않았는데, 10
년 후인 1920년에는 약 10배에 달하는 3만 명이 되었고,
1930년에는 30만 명에 달하게 되었습니다. 급격하게 인원
이 늘어난 이유는 주로 한반도가 일본의 일부로 병합되었
기 때문이라고 생각됩니다. 그 뒤 징용이나 징병 등으로
강제로 일본에 온 사람들이 늘어나면서 전쟁 중에는 200
만 명 이상이 되었습니다.[26]

　해방 직후 약 140만 명에 달하는 사람들이 한반도에 자

비로 돌아갔습니다. 몇 시간 배를 타면 조국으로 돌아갈 수 있었습니다. 이때 한반도는 이미 남북으로 분단되어 있었습니다. 한반도의 북쪽 사람들은 중국과 시베리아로 떠났었기 때문에 일본으로 온 북쪽 사람들은 많지 않았고, 전체의 20%에 불과했습니다. 그래서 많은 귀환자들이 남쪽으로 돌아갔습니다. 그러나 그렇게 조국으로 돌아갔지만, '전쟁 중에 조국을 버린 사람', '일본으로 건너가 몸을 바꾼 사람들'이라는 소리를 들어야 했습니다. 한편으로는 일본에 있는 친척에게서 여러 물건들이 우송되어 오곤 했기 때문에 부러움의 대상이 되기도 했습니다.

한반도에 돌아가서도 토지와 집이 없는 사람, 이미 일본에 재산을 갖고 있는 사람, 귀국할 비용이 없는 사람 등 60여만 명은 귀국하지 못하고 일본에 남았습니다. 그러나 일이 없거나 너무 적은 시대였기 때문에 그들은 많은 고생을 하였습니다. 이 사람들이 재일 조선인·한국인입니다. 필자는 바로 그 시대에 초등학생부터 고등학생 때까지 그들과 함께 보냈습니다. 얼굴은 비슷하지만 성이 '김'이라든지, '이'라든지, '박'인 동급 친구들이 여럿 있었습니다.

창씨개명이 1940년에 시행되었기 때문에, 필자의 친구들은 모두 이른바 일본의 '부르는 이름'을 가지고 있었습니다. 그러나 한반도 출신자는 민족적인 자부심이 강하여 '김', '이', '박' 등 자신의 원래 이름을 사용하던 학생들이 많았던 것으로 기억하고 있습니다.

대부분의 일본인도 먹을 게 없었던 시절에 일본에 남은 조선인·한국인들은 더 가혹한 생활을 해야 했습니다. 가장 큰 문제는 '한국인 차별'이었습니다. 일본인 중에서도 한국인과 결혼한 사람, 차별 의식이 약한 사람이 있었지만, 전쟁 이전의 한일 관계 배경을 알고 있었던 사람들 대부분은 심한 차별 의식을 가지고 있었습니다. 그러한 사람은 필자의 친구나 친척들 중에도 많았습니다. 차별적인 대화가 일상생활 속에서 자연스럽게 나왔기 때문에 그것을 듣고 있던 사람들의 마음에는 자연스럽게 한국인 차별 의식이 양성되었던 것입니다.

필자의 지인(재일 교포)은 대학을 졸업한 후 기업에 취직했지만, 한국인이기 때문에 관리직으로 승진하지 못했습니다. 가장 실적이 좋은 그가 왜 출세하지 못했는지에 대해서 동료들은 술자리를 빌려 그가 한국인이기 때문이라고 공공연히 말했습니다. 단순히 한국인이라는 이유로 출세할 수 없는 벽이 회사 안에 있었던 것입니다. 이와 비슷한 일들을 대부분의 재일 한국인은 겪고 있습니다. 한국인이 많은 지역에서는 선전 차량의 스피커로 크게 재일 교포에 대한 차별 발언을 반복했습니다.

최근 2019년 9월에 '아이치 트리엔날레(Aichi Trien-nale) 2019'라는 예술제가 개최되어, '표현의 부자유전-그후'라는 예술 작품 전시회가 열렸습니다. 그러나 3일 만에 중지되었습니다. 다수의 항의 전화가 있었기 때문입니다. 그래도 주최자 측은 일부 사람들의 방해로 중지하는 것은 오히려 악을 인정하는 것이라며 다음 달에 전시회를 재개하였습니다. 그런데 개최 지역의 시장이 "천황의 사진이 불태워지고 있는 작품을 전시하고 있다."라고 항의를 하였습니다. 일본에서는 아직 표현의 자유로운 활동이 보장되어 있지 않다고 필자는 느끼고 있습니다.

재일 조선인·한국인들 사이에서는 세 가지 직업이 성공한 사람들의 직업이라고 합니다. 불고기 식당, 파친코, 금융업입니다. 이러한 직업에 종사하여 성공한 사람들이 많다고 들었습니다. 그중 금융업에 종사하는 사람에게는 여러 직업에서 배척당한 유럽 유대인들이 마지못해 남은 직업(그중 하나가 금융업·전당포)으로 살아야 했던 것과 유사한 사정이 있다고 할 수 있습니다. 성공한 사람들에게는 기뻐해야 할 일이었지만, 배후에 차별이라는 슬픈 현실이 존재하고 있던 것입니다.

조금씩 개선되고 있는 차별

일본에 살던 한반도 출신 사람들도 한반도의 남북 분단의 영향으로 1948년에는 북측의 '총련'과 남측의 '민단'이라는 두 그룹으로 나뉘었습니다. 1959년 이후 9만 3000명의 사람들이 '조선민주주의인민공화국'으로 돌아갔습니다. 그들은 대환영을 받을 줄 알았는데 사실은 그 반대라는 슬픈 뉴스를 듣게 되었습니다.

해방(1945년) 전에 한반도에서 일본으로 온 사람들은 전쟁 전부터 일본 국민이 되어 있었기 때문에, 당연히 일본 국적을 가지고 있었습니다. 그러나 일본의 패전으로 한반도가 외국이 되었으므로, 재류자는 모두 일본인이 아닌 외국인이 되고 말았습니다. 일본관청에 이 사실을 등록하고 '재류증명서'를 받아 휴대하고 다니지 않으면 안 되었습니다. 자신의 의지로 일본에 온 사람들이라면 그렇지만 억지로 끌려온 사람들에게는 귀국을 종용하거나 외국인 취급을 했습니다.

그때부터 조선인·한국인은 일본에서의 인권 보장을 요구하는 고통스럽고 긴 싸움을 반세기 이상 지속했습니다. 재류증명서를 매년 갱신하는 것은 1991년까지 계속되었습니다. 세금을 내고 있음에도 국민의 서비스에서는 제외되는 경우가 많았습니다. 1982년에 간신히 국민연금에 가입할 수 있게 되었습니다. 이것도 UN의 난민 조약을 일본도 비준하지 않으면 안 되었기 때문에 겨우 생긴 것이었습니다. 그리하여 해방 전부터 일본에 계속 살고 있는 재일 조선인·한국인은 '특별 영주자'가 되었습니다. 많은 일본인들에게는 거의 알려지지 않았지만 재일 조선인·한국인의 고생과 아픔은 매우 컸습니다. 지금은 그들의 3세가 중심이지만 4세, 5세인 사람들도 있습니다.

현재는 한국 기업의 주재원들이 일본에 많이 와 있고, 제2차 세계 대전 때의 재일 1세와 그 자손은 수적으로 줄어들고 있습니다. 저출산 혹은 일본인과의 결혼이나 귀화 등의 요인으로 보통의 일본인으로 동화되어 왔습니다. 해방 직전 200만 명 가운데 귀국했던 사람들을 제외하고 60만 명이었던 '재일 조선인·한국인'은 현재 31만 7698명 (2018년)으로 줄었습니다. 한국 국적이 28만여 명, 북한 국적이 3만여 명입니다. 현재 10대 1의 비율이 되었습니다. 1세, 2세는 고령화로 사망하여 그 수가 감소하고 있습니다.

부모나 배우자가 한국계인 사람의 인구는 2008년에는 98만 명, 2018년에는 200만 명 정도로 산정되었습니다. 또한 매년 1만 명 정도가 일본으로 귀화하여 일본 국적을 취득하고 있습니다.[27] 이처럼 한국·조선계의 사람들이 증가하는 배경에는 '재일 1세'의 매우 큰 고생과 희생이 해방 전부터 있었음을 잊어서는 안 된다고 생각합니다.

필자의 대학 시절 2세 동급생은 이제 고령이 되었는데,

"마음대로 데리고 와서 이렇게 외국인으로 전락시키고, 귀화하라고 말하면서도 귀화를 잘 받아 주지 않는다."고 말하며 고뇌하였습니다.

2016년 국회에서 '헤이트 스피치 해소법'이 성립되었습니다. 여성이나 어린이 등 여러 소수자들의 '사람으로서의 권리=인권'을 지키기 위한 제도나 법률이 일본 사회 속에서 계속 만들어져 가고 있습니다. 이러한 가운데 2019년에 돌연 일본 정부의 정치·경제적인 '한국 때리기'가 시작되었습니다. 그 발단은 1965년 '한일기본조약'에 기인합니다.

그 조약에 맞춰 몇 가지 협약이 체결되었는데, 그중 하나가 일본 국가에서 한국으로의 경제 지원이었습니다. 약 5억 달러의 원조금(3억 달러가 무상 지원금, 2억 달러가 차관)을 일본 정부가 내고, 한국 측은 '전쟁 중 발생한 사유에 의한 청구는 앞으로 일절 하지 않는다'는 약속이었습니다. 1965년이라고 하면 한국이 매우 가난한 시대였습니다. 당시 한국의 대통령 박정희는 일본의 원조금을 유용하게 활용하여 한국 경제를 멋지게 회복·성장시켰습니다. 그러나 일반 국민들은 '전쟁 중에 생긴 사유로 인한 청구는 앞으로 일절 하지 않겠다'고 약속을 해 버린 것에 불만이 남았습니다. 그 조약은 한국이 매우 가난했던 시절에 체결한 일종의 '불평등 조약'의 여지가 있습니다.

제2차 세계 대전 중에 강제로 일본의 탄광이나 공장에 노동력으로 징용된 인구는 한국 정부의 발표로는 약 22만 6000명이었습니다. 징용된 사람들이 정당한 임금을 받지 못했다는 소송을 한국에서 일으키면서 한국 법원은 2018년에 일본 기업에 배상 명령을 내렸습니다. 한국 정부에서 인정을 받은 징용자는 약 14만 9000명 있습니다만, 고령으로 매년 그 수가 줄고 있습니다. 전쟁 중에 일본에 있었던 한국인의 수는 약 200만 명입니다만, 공장 등에서 노역에 시달린 인구와 병사 등의 인원수에 대해서는 여러 주장이 있습니다.

또 7만 명 혹은 10만 명이라고도 하는 일본군 '위안부'에 대한 사죄와 배상은 매우 어려운 현재 진행형 문제입니다. 자신의 딸이 일본군 위안부로 끌려갔다면 어떤 느낌일까요? 사람으로서 도저히 용서할 수 없는 일입니다. 자살하고 만 소녀들, 반항했기 때문에 구타당해서 죽은 여성들을 생각하면 너무나도 잔혹한 일입니다. '전쟁 중이었으니 어쩔 수 없었다', '인류의 과거 역사에서는 흔한 일이었다', '이제 와서 떠올릴 필요가 없다' 등 다양한 반론을 하고 있지만, 나쁜 것은 나쁜 것이었으니 솔직하게 인정하고 사죄하는 것이 당연한 것이지요. 많은 피해자들이 생존하고 있기 때문에 몇 번이라도 사죄해야 할 일입니다.

방한 때 심야까지 일하던 목사를 전술했지만, 그때 통역을 해 준 젊은 신학생은 당시 매주 '나눔의 집'이라는 과거 일본군 위안부 출신의 사람들이 함께 살아가는 시설에서 자원봉사 활동을 한 이야기를 들려주었습니다. 대부분의 한국인들은 일본인들이 저지른 범죄 행위를 잊으려고 해도 잊을 수 없습니다. 이미 오랜 시간이 지났고 또 인간은 복수를 해서는 안 되기 때문에 한국 사람들은 용서해 주겠지만, 문제는 일본인들의 사죄하는 마음이 너무 약하다는 것입니다. 왜 그럴까요?

일본이 한반도에서 자행한 일들에 대해 사건을 애매하게 하려는 사람들이 나타나고 있는 것은 역시 조선인·한국인에 대한 차별 의식이 있기 때문이라고 하지 않을 수 없습니다. 차별의 심리는 인간의 타고난 자기방어에서 출발하고 있기 때문에 그것을 없앨 수는 없지만 바른 교육으로 바로잡아 나갈 수는 있습니다. 많은 시간이 걸리겠지만, 한결같은 노력이 필요하다고 생각합니다.

9
세계에 수많은 메시지를
던지고 있는 나라

전쟁이 아직 끝나지 않은 나라

한반도가 1910년 일본의 식민지가 된 이래, 한국과 한국인들은 그동안 경험해 보지 못한 역경에 휘말리고 말았습니다. 일본인은 국가가 없어지는 것을 경험해 본 적이 없습니다. 겨우 제2차 세계 대전 후에 잠시 점령군 지배하에 놓인 정도입니다.

필자의 귀에는 B-29 폭격기의 "부~웅" 비행하는 낮은 소리가 아직도 생생히 남아 있습니다. B-29 폭격기란 미군 전투기로, 소이탄을 일본 전역에 비처럼 퍼부어 전국을 초토화한 전투기였습니다. 패전 후에 전방에서 카키색 군복을 입은 미군이 걸어오자 필자는 공포심에 어머니의 일본 옷소매에 얼굴을 묻고 지나갔습니다. 미군은 무서운 존재라는 잠재적인 의식이 마음에 자리 잡고 있었기 때문입니다.

　그 후, 필자는 미국의 원조 물자인 우유가 맛있어서 즐겁게 마셨습니다. 그것은 미국의 원조 물자였겠지만, 미국=미군이었기 때문에 그것을 미군의 원조 물자로 생각하고 있었습니다. 아니면 학교 선생님이 미군의 우유라고 말씀하셨을지도 모릅니다. 필자에게는 두렵게만 느껴졌던 미군이 서서히 '여러 가지 도와주는 미국'으로 변한 것이라고 생각합니다. 그런데 일본은 고도 경제 성장기에 들어선 후에 세계의 최빈국이었던 한국의 아동에게 우유를 보냈을까요?

　'36년간의 일제 강점기'라는 표현은 한국에서 '굴욕의 시대'를 말할 때 전치사처럼 쓰입니다. 필자가 한국을 본격적으로 연구하기 시작한 것은 2007년경, 한국의 사무실이나 가정에서조차 '일제, 일제'라는 말을 자주 들었는데 일본에서는 거의 사용되지 않는 말이 자주 언급되는 것에 놀랐습니다. 물론 이것은 필자의 연구를 위한 인터뷰 속 대화이지 일상의 대화는 아니었습니다. '일본 제국주의의 식민지로 있었던 시절, 일본의 잔학한 무단정치'라는 의미를 담고 있는 말입니다. '지금은 민주적인 국가가 되었지만, 과거에는 전혀 다른 나라였다'는 의미를 담고 있는 말이기도 합니다. 신사참배나 황궁요배(皇居遥拜)를 강요당한 것, 징병·징용 등 분노하게 하는 과거를 가리킵니다.

지금도 아프리카나 중근동에서 몇십 년이나 난민 캠프에서 생활을 하고 있는 사람들의 상황을 보면, 전쟁이 있는 곳에서는 장기간 인간성이 부정되는 사태가 벌어지고 있기 때문에 이러한 일이 이상하지 않을지도 모릅니다. 일본에서는 자주 '일본이 한국에서 자행한 것과 같은 무단정치는 전쟁의 역사에서는 흔한 일이었다'라고 가볍게 취급되고 있지만, 피해자인 한국인에게는 70여 년의 세월이 지나간 오늘날에도 결코 잊을 수 없는 일이며 잊어서는 안 되는 과거입니다. 특히 한국에서는 이를 초등학교 교과서에서 자세히 배우고 있기 때문에, 현재 한국 청년들은 물론 어린이들까지 자세히 알고 있는 사실입니다.

일제 강점기가 끝나자마자 곧이어 발발한 한국전쟁은 일본인들에겐 상상조차 할 수 없는 큰 환란이었습니다. 인구가 감소할 정도로 현대 무기로 비참한 살육전이 벌어졌습니다. 전국이 시체로 뒤덮였습니다. 그 후 한국은 경제적으로 국가가 파탄이 날 지경이 되었고, 바로 그때 '한일기본조약'의 '경제지원협약'이 체결되었습니다. 한국은 '앞으로 전쟁을 사유로 한 배상을 일절 요구하지 않는다'는 것을 명문화시키고 말았습니다. 일본은 한국에 도움의 손길을 보낸 것이 아니라, 상대가 곤란할 때 불평등 조약이라는 무거운 짐을 또 안기고 말았던 것입니다. '무상 원조금'이라고 하면 일본인들은 보통 선한 마음으로 상대에게 기분 좋게 아량을 베푸는 것으로 알고 있습니다. 왜 이 경우에만 '한국 측은 배상을 요구하지 않는다'는 조항을 집어넣었을까요?

최근 들어 경제적으로 일본을 따라오기까지 한국은 무려 100년 정도 국가적 고난과 굴욕의 시대를 보낸 셈입니다. '역경이 그대를 옥으로 만든다'는 명언이 있습니다. 100년에 걸친 국가적인 환난을 통해 한국이 이전과는 전혀 다른 국가가 되었음을 알아야 한다고 생각합니다. 경제적으로 강해졌다기보다는 국제 사회 속에서 정신적으로 강해진 측면을 간과해선 안 된다고 생각합니다.

정의를 추구하는 순진한 민족

한반도는 유라시아 대륙의 동쪽 변두리에 있으며 압록 강과 백두산을 경계로 격리되어 있는 지역입니다. 대륙의 기질을 가지면서도 고고한 기질을 가지고 있습니다. 고고한 기질은 격리된 지형의 영향도 있다고 봅니다. 대륙성 기질의 특징은 온화한 것입니다. 한국인은 독립자존의 정신을 가지고 있습니다. 거기에 유교와 기독교의 특질이 더해져 있습니다. 유교 가르침의 특징은 '높은 분'을 향한 절대복종의 정신입니다. 기독교 가르침의 특징은 '하나님'에 대한 절대복종의 신앙입니다. 둘 다 원리 원칙이 앞서고 그 원리 원칙에 따라 여러 가지 정책이 나옵니다.

유교에서는 자기 혼자 옳다고 믿는 바가 있으면 비록 만민이 반대하더라도 목숨을 걸고 뜻을 관철하는 정신을 소중히 여겼습니다. 기독교에서는 비록 부모 형제가 반대하더라도 하나님을 따르겠다는 자신의 신앙을 소중히 여깁니다. 다시 말해, 자신의 득실보다 '가르침', 즉 '원리'를 더 중요시하는 사상입니다. 그것을 국가나 사회 일반에 적용하여 말한다면 한국 국민의 사상은 '정의'를 우선시하는 정신이라고 할 수 있습니다. 한반도 사람들은 그 민족성으로 보면 현실적인 이익보다는 정의를 추구하는 경향이 강하다고 할 수 있습니다. 이러한 성향은 유교와 기독교의 정신이 합해지면서 더욱 강해진 것은 아닐까요?

그러나 길고 긴 고난의 세월 속에서 정의나 이상을 구할 수 없는 사정이 계속되었습니다. 살아남기 위해 타협에 타협을 거듭할 수밖에 없었습니다. 그렇지만 원래의 민족성은 정의를 도모하고 이상을 추구하는 민족이라는 것입니다. 그것은 유교를 국교로 삼았던 것과 다수 국민이 기독교를 믿고 있다는 사실이 증명하고 있다고 생각합니다. 일본인들은 자신의 이익을 중심으로 생각하는 경향이 있습

니다. 이러한 생각의 차이가 한일 정치적 대립에 반영되고
있다고 생각됩니다.

한국에서는 한국전쟁 때를 비롯하여 10명의 대통령이
탄생했습니다(임시대행 등은 제외). 그중 다섯 명이 기독
교인들입니다. 이승만(개신교), 김영삼(개신교), 김대중
(천주교), 이명박(개신교), 현재의 문재인(천주교) 대통령
입니다. 이 사람들은 이름뿐인 신자들이 아니라 모두 열성
적인 기독교인들입니다. 개인적인 차이는 있지만, 현실의
이익보다 이상을 추구하는 타입의 사람들이라고 할 수 있
다고 생각합니다. 주변에 그런 사람들이 적은 일본인들에
게는 이런 사람들이 대통령으로 뽑히는 정치 풍토를 이해
하기 조금 어려울 수도 있습니다. 일본의 정치가들 중에는
경제적으로 몰고 가면 한국은 반드시 타협해 온다고 가볍
게 논하는 사람들이 많습니다. 그것은 완전히 틀린 관점이
라는 것을 알아야 한다고 생각합니다.

한국에서는 여야가 격렬하게 싸우고 정권이 바뀌면 대
통령마저 기소되고 때로는 구속이 됩니다. 신문에 나타나

는 현상만을 보고 있으면 격렬한 기질의 국민성만이 일본인의 눈에 비칩니다. 그러나 곰곰이 생각해 보면 격정적으로 정의를 요구하고 있음을 알게 됩니다. 정의를 위해서라면 설령 자신의 목숨을 잃게 되더라도 후회는 하지 않겠다는 격렬함이 있습니다. 그러한 내면은 100년에 걸친 고난의 역사를 통해서 품게 된 것이 아닐까요? 아니면 한국인들은 그저 성격이 강한 민족일까요? 시각을 바꾸면 이렇게 180도 다른 견해도 가능해집니다. 과연 어느 쪽이 진실일까요? 필자는 '목숨을 걸고서도 정의를 추구하는 국민성'이 중요한 요소가 되고 있다고 봅니다. 많은 일본인들이 자신을 보지 못하는 배경에는 '한국인 차별'이라는 허상을 믿는 우상이 깔려 있기 때문이라고 생각합니다.

필자는 2008년부터 2년간에 걸쳐서 세 차례 방한하며 26명의 개신교 교회 지도자와 3명의 천주교 교회 지도자들을 인터뷰하고, 123명의 기독교인들에게 'KJ법'(많은 사람의 다양한 견해나 문제의 사고방식을 집약·결합해서 다원적으로 문제 해결과 창조적 개발을 행하는 연구 방법)이라는 실질적인 연구 방법을 이용한 설문 조사 연구를 했습니다. 그 결과, 한국 기독교인 수가 1940년의 2.2%에서 50년 후에 35.7%로 급성장할 수 있었던 요인을 다음 세 가지로 결론지을 수 있었습니다.[28]

1. 기독교의 가르침 그 자체가 한국인의 마음을 사로잡 았다.
2. 순백의 마음을 가진 한국인의 정신이 성경의 가르침 과 부합했다.
3. 죽음을 넘나들었던 민족의 역사가 힘이 되었다. (많은 순교자의 증언이 있었다.)

필자는 목사이기 때문에 아전인수식 해석의 우려가 없지는 않고, 또한 한국 기독교인들만을 대상으로 한 조사이기 때문에 이 조사 결과가 일반 국민의 생각을 대표한다고 하는 것은 아닙니다. 그렇다고 하더라도 필자가 놀란 것은 한국인의 국민성이 매우 순진하여 일본인과는 크게 다르다는 것이었습니다. 일본은 패전 후에 경이로운 경제 부흥을 이루었습니다. 그 배경에는 일본인의 근면한 국민성이 크게 기여하였습니다. 필자는 이 조사 연구를 하고 나서 한국의 경제 성장의 배경에는 한국 국민성이 큰 바탕이 되었음을 깨달았습니다. 순수하며 열정적인 국민성이었습니다.

교육에 힘을 쏟는 나라

　한국은 원래 유교의 영향을 받아 과거 제도를 발달시킨
나라입니다. 지금도 국민들이 교육에 쏟는 에너지는 엄청
납니다. 2019년 12월에 발표된 경제협력개발기구(OECD)
의 '학생의 학습 달성도 조사'에 따르면, 15세 이상의 한국
학생들은 수학적 사고능력, 독해력, 과학적 사고능력 등에
있어서 세계 상위 10개국 중에 들어 있습니다(일본은 독
해력 분야에서 15위이었습니다).**29** 여러 외국에 유학 중
인 한국 학생 수는 일본 학생 수를 훨씬 웃돌고 있습니다.
세계 각국이 높은 교육열로 경쟁하고 있는 가운데, 일본과
마찬가지로 한국도 교육에 힘을 쏟고 있습니다.

세계에 수많은 메시지를 던지고 있는 나라

　지금까지는 유럽이나 미국이 여러 의미에서 선진국이
었습니다. 그러나 제2차 세계 대전 이후 세계 인구에 큰
변화가 일어났습니다. 1960년에 약 30억 명이었던 세계
인구가 겨우 반세기 만인 2018년에는 두 배 이상인 75억
여 명이 되었습니다. 유럽과 미국의 인구는 큰 변화가 없
는 가운데, 중국과 인도를 포함한 아시아의 인구가 61%
를 차지하게 되었습니다. 거기에 아프리카와 남미를 더하
면 세계 인구의 약 85%가 서양이 아닌 국가에 속해 있습
니다. '구미'라는 선진국은 더 이상 세계를 견인하는 국가
들이 아니게 되었습니다. 유럽과 미국의 시대가 끝나가고

있습니다. 다음에는 어떤 시대가 올까요? 중국의 시대, 남반구의 시대, 글로벌 시대일까요? 다 맞는지 모릅니다. 단한 가지 확실하게 말할 수 있는 것은 온난화를 포함한 '인류 환란의 시대'가 닥쳐올 거라는 사실입니다.

그러한 변화 속에서 한국은 과거의 어려운 역사를 통해 일본 이상으로 '신념에 기초한 이상을 추구하는 나라'로서 세계 각국에 선한 메시지를 줄 수 있는 나라가 될 것이라고 생각합니다. 왜냐하면 그들은 어려운 시대를 헤쳐 왔고 지금도 헤쳐 나가고 있기 때문입니다. 그들은 세계에서 '입술이 깨끗해진 백성'(구약성경 스바냐서 3: 9, 그 외)이 될 것이라고 기대가 되기 때문입니다.

20세기는 전쟁의 세기였습니다. 그러나 21세기는 아무래도 변화의 세기가 될 것 같습니다. 과학의 발달이 인류의 일상생활에서 국제 정치에 이르기까지 모든 것을 새롭게 하려고 합니다. 얼마 전까지만 해도 '10년은 옛날'이라고 했지만, 지금은 10년이면 옛날이거나 오랜 옛날이라고 말하는 시대입니다. 도구의 사용법부터 가까운 관공서 신고에 이르기까지 불과 몇 년 전과는 너무도 달라졌습니다. 미국 대통령이 스마트폰으로 자신의 의견을 늘어놓거나 하는 일은 예전에는 생각할 수 없는 일이었습니다. 많은 지식인들조차 1년 앞을 내다볼 수 없는 시대를 살고 있습니다.

중동은 언제까지 싸우고 있을까요? 중국이 세계의 공장이었는데, 이제 아프리카로 넘어가면 중국은 어떻게 될까요? 지구 온난화의 원흉은 어느 나라에 있을까요? 변화가 심하고 멸망할 것 같은 이 지구촌에서 도대체 어떤 나라와 사람들이 선한 영향력을 끼칠 수 있을까요? 그것을 할 수 있는 것은 100년의 어려움에서 벗어난 나라와 국민이 아닐까요? 아프리카나 남아메리카 사람들이 원하는 것은 원조를 해 주는 나라가 아니라 어려움에서 벗어나는 방법을 보여 주는 나라가 아닐까요?

이 책의 서두에서 언급했듯이, 일본의 한국 차별은 특이한 점이 너무 많습니다. 그것은 침략을 정당화하려는 불손한 의도에서 시작되었다고 필자는 주장하고 싶습니다. 악으로 시작된 작은 뿌리가 한 나라를 큰 고통에 몰아넣어 악한 열매를 맺는 나무를 키우고 말았습니다. 한번 진흙 수렁에 처박힌 짐수레는 좀처럼 빠져나올 수 없습니다. 일본인들은 왜 한국인 차별이라는 나쁜 마음의 수렁에 빠져 버렸는지 다시 생각해 봐야 할 때입니다.

　필자는 결코 한국을 무조건 높이려는 마음으로 이 책을 쓰고 있는 것이 아닙니다. 오히려 한국을 다른 나라들과 똑같이 볼 것을 요구하는 것뿐입니다. 일본은 한국을 차별하고 있습니다. 일본은 한국의 진실을 외면하고 의도적으로 정반대로 보고 있습니다. 이것이야말로 관계를 악화시키는 큰 불행의 근본적인 원인입니다. '폄하 심리'라는 안개 같은 악마를 날려 버리면 일본과 한국은 서로의 행복과 성장을 위해 자극을 줄 수 있는 밝은 나라가 되어 갈 수 있습니다.

10
일본인이여,
한국에 친절하게

역사를 다시 봅시다

한국은 절대적인 정치력과 경찰력을 갖고 지배하던 전두환 정권조차도 1987년 일반 국민들과 학생 등의 시위로 무너뜨렸습니다. 한국 사람들은 '일반 국민'이 정치의 결정권을 쥐고 있다는 것을 저항 운동을 통해 경험했습니다. 이것을 한국에서는 '민주화 운동'이라고 부르는데, 왠지 일본에서는 이 저항 운동의 중요성이 잘 언급되지 않고 있습니다. 또한 일본에서는 민주화 운동이 한국 역사에서 중요한 비중을 차지한다는 사실을 제대로 이해하는 사람이 많지 않습니다.

'3·1절'과 1987년 '민주화 운동'으로 한국은 '하면 된다' 는 것을 경험했습니다. 한국 국민은 강한 마음을 가지고 있습니다만, 그것은 550년 이상 넘게 이어진 조선 왕조의 지배와 일제 강점기의 '죽을 만큼의 역경의 세월'을 거치 면서 배양된 힘에서 온 것입니다. 그것이 얼마나 강한 것 인지 일본의 정치인도, 국민도 이해하려 하지 않습니다.

한국을 경제적으로 옥죄면 약한 소리를 낼 것이라고 생 각하는 일본인이 많습니다. 한국은 과거 무단정치로 인해 굴복하고 말았습니다. 산속으로 도망쳐 초목의 뿌리로 연 명했던 시절에는 약간의 쌀을 얻기 위해 변절하는 사람들 이 있었습니다. 그러나 역경의 100년을 경험해 온 현대 한 국 국민들은 옛날과 다릅니다.

힘든 시절에는 한 알의 쌀을 위해 몸을 파는 일이 있었 을지도 모르지만, 그것은 극빈에 허덕이던 시절의 일입니 다. 한국 정부는 일본을 따라잡고 일본을 넘어서자는 구호 를 외치며 달려왔기 때문에 이제는 일본과 어깨를 나란히 할 정도가 되었습니다. 일본의 일부 전문가들 중에는 "아

직 일본이 위에 있다."라고 합니다만, 1인당 국민 총생산
이 2018년에는 일본이 39,306달러였고 한국은 33,346달
러에 육박했습니다.

1960년대 전반까지 한국은 세계 최빈국이었습니다. 북
한보다 아래였습니다. 일본의 패전 직후와 마찬가지로 정
말 먹을 것조차 없을 정도였습니다. 이 고통스러운 세월의
시작은 '일제 강점기'였습니다. 그로부터 70여 년 이상 세
월이 흘러 "일본에 강하게 나가도 이젠 괜찮아!"라고 말해
도 되는 상황까지 왔습니다. 50년 전만 해도 그렇게까지
강하게 나갈 수 없었습니다. 1965년 한일기본조약을 맺을
때와 오늘날과는 경제 상황과 정치 상황이 근본적으로 달
라졌습니다. 일본 정부가 내놓은 경제 지원 자금 3억 달러
와 베트남전쟁 참전으로 확보한 자본금으로 한국은 급격
한 경제 성장을 이루었습니다. 그 후에도 성장을 계속하고
있습니다.

구미의 사정을 배우는 것도 중요하지만, 가까이 있는 한
국과 아시아의 역사를 사실에 근거하여 이해하는 것이 일

본의 입장에서는 중요한 과제입니다. 일본이 섬나라이고 좁은 시각을 가진 민족임을 충분히 알고 보다 넓은 시야를 가지고 세계를 보고 한국을 봐야 한다고 생각합니다. 한국은 지난 100년 사이에 빠르게 변화하고 있습니다. 일본도 지난 100년 사이에 큰 변화가 있었습니다. 국제 사회도 변했습니다. 이러한 상황에서 일본에 있어서 중요한 것은 한국에 대한 편견을 버리고 사실을 사실로 인정하는 것입니다. 여기서 새로운 길이 열릴 것이라고 생각합니다. 과거의 역사를 재조명하고, 일본은 한국을 향해 미안한 마음과 사랑이 넘치는 눈길을 보내야 합니다. 문화 교류를 확대하고, 민간과 민간의 교류의 기회를 늘리고, 우리가 다 똑같은 사람이라는 관점을 가지게 되면 새로운 세계가 열릴 것입니다.

우리는 가해자였습니다

 필자는 한국에 방문하는 것을 오래 망설이고 있었습니다. 가깝고 친한 나라이면서도 과거의 역사가 너무 잔혹했기 때문입니다. 목사 친구들로부터 "한국에 간다면 한국 역사를 조금 배우고 가도록. 또 한국인을 면담한다면 첫 번째로 과거 일본의 역사적 행위에 대해 사과하라."는 주의를 받고 있었습니다. 필자의 친구들은 필자와 같은 역사관을 가지고 있었기 때문에 그들이 한국인과 이야기할 때는 과거 일본의 침략 행위에 대한 사죄의 말 한마디로 시작했었다고 들었습니다. 필자에 한하지 않고 기독교인은 '회개'하는 것이 신앙의 첫걸음이기 때문에 익숙해져서 사과하는 것에 아무런 저항도 없었습니다.

1995년 최초로 방한했을 때, 필자는 어느 일본 교회 일행들과 함께 '기도원'이라는 곳에 갔습니다. 필자가 꼭 가보고 싶은 곳이었기 때문입니다. 그곳은 금식하면서 3일 또는 일주일을 보내는 시설이었습니다. 그곳에서 필자는 3일간 참회 기도를 하였습니다. 금식은 마음을 하나님께 집중해서 기도하기 위해서인데, 한국에는 이러한 시설들이 많이 있습니다. 그중에서도 필자가 간 기도원은 아마 가장 큰 시설로, 설 연휴에는 만 명 이상의 방문객이 있는 곳이었습니다. 원래 금식을 하는 시설이기 때문에 식사를 제공할 필요가 없습니다. 물과 화장실과 취침을 할 수 있는 공간이 있으면 충분합니다. 넓은 방 한편에는 이불이 수북이 쌓여 있었습니다.

그때 현지에서 쓴 돈은 고속 도로에서 200엔 정도의 아이스크림을 하나 샀을 뿐이었습니다. 공항에서 기도원으로 그리고 기도원에서 공항으로 돌아오기만 하는 일정이었습니다. 두 번째로는 혼자 여행을 했고 '독립기념관'에

갔습니다. 일본인 여행자는 거의 가지 않는 시설로 일본의 가혹한 통치 시대의 모습을 전시하고 있는 시설이었습니다. 일본에는 한국 관계의 안내서, 가이드북이 많이 출판되어 있지만, 왜인지 가장 먼저 가야 할 독립기념관에 대한 정보는 전혀 들어 있지 않았습니다. 여기에도 일본인들의 차별 감정이 나타나 있다고 생각합니다.

그 두 번째 여행에서 서울 시내의 한 목사님 가정을 방문했습니다. 필자도 목사라는 사실을 이야기하자 그들은 반겨 주었습니다. 그 집에는 할머니께서 함께 살고 계셨는데, 일본어로 대화할 수 있어서 많은 이야기를 나눌 수 있었습니다. 필자가 "일본이 전쟁 전 그리고 전쟁 중(태평양 전쟁을 가리킴)에 큰 폐를 끼쳐 드린 것에 먼저 사죄를 드립니다."라고 말했더니 할머니는 빙긋이 웃으시면서 "이제 됐어요. 과거의 일은 이미 지나갔습니다. 앞으로 사이좋게 지내요."라고 말씀하셨습니다. 일본어로 사과하고 일본어로 마음을 이해해 주셨다는 것이 필자의 기억에 강하게 남아 있습니다. 영어가 통하는 사람들과 만나는 자리였는데 필자의 서툰 영어가 아니라 일본어로 마음을 주고 받았던 할머니와의 대화를 잊을 수가 없습니다.

한국 사람들은 일본인이 저질러 온 수많은 죄를 정직하게 인정하고 사과하면 이제는 용서해 줍니다. 일본의 10대, 20대 청년들은 "그런 옛날 이야기는 모르는데…."라고 할지 모르지만, 또래의 한국 젊은이들은 모두 학교에서 일제 36년의 역사를 배우고 있어 잘 알고 있습니다. 지금도 역사를 있는 그대로 교육하고 있는 한국이 잘못된 것일까요, 아니면 그것도 잘 모르는 일본인이 나쁜 것일까요? 이것은 두말할 필요도 없습니다.

상대방에게 뭔가 나쁜 짓을 했을 경우, 진심으로 그것이 나쁜 짓이었다고 인정한다면 상대방의 기분은 절반 누그러집니다. 거기에 "미안합니다."라고 사과한다면 상대방의 마음은 '더 이상 잘잘못을 따지면 안 되겠다'라는 마음으로 바뀝니다. '사실을 나쁜 짓이었다고 인정하는 것'이 반이고, 진심이 담긴 '사죄'가 반입니다. 둘 다 필요합니다.

초등학생 두 명이 공원에서 줄넘기를 하며 놀고 있었습

니다. 유치원생은 공원 안을 뛰어다녔습니다. 유치원생이 줄넘기를 하고 있던 초등학생 한 명과 부딪쳤습니다. 이 초등학생이 저도 모르게 줄을 놓치는 바람에 줄이 날아가 맞은편 친구의 이마를 때렸습니다. 친구는 "아야!"라고 비명을 지르며 주저앉고 말았습니다. 가해자가 되어 버린 초등학생은 당황하여 "저 유치원 아이 때문에…"라고 말하며 친구 곁으로 달려갔습니다. 이마에 혹을 난 피해자 아이는 울상을 지으며 집으로 돌아가 버렸습니다.

그 아이는 집으로 돌아가서 엄마에게 공원에서의 일을 이야기했습니다. 어머니는 "친구가 잘못한 건 아닌 것 같구나. 그런 경우는 '미안'하다고 말하면 용서해 주거라!"라고 말하며 자신의 아이를 나무랐습니다. 그러자 그 아이는 "친구는 실수하지 않았어. 유치원생이 부딪치는 바람에 그런 것뿐이야."라고 말했습니다. 그때 현관 벨이 울리고 현관에는 피해자가 집에 가 버리는 바람에 남겨진 줄넘기를 손에 든, 가해자가 되어 버린 친구가 미안한 표정을 하고 서 있었습니다. 그 아이는 울상을 하고 있는 피해자 친구에게 "아까는 미안해!"라고 말했습니다. 그 말을 들었을 때 피해자의 마음은 한순간 밝아졌고 둘은 다시 사이좋게 놀기 시작했습니다.

사람은 어린 시절부터 이러한 경험을 쌓으며 성장합니다. "나쁜 행동이었어…."라고 사실을 인정하고, 더하여 "미안해."라고 말하는 것이 필요합니다. 어떤 피해자라도 과거 자신이 가해자였던 경험이 있고, 어떤 가해자라도 피해자였던 경험이 있습니다. 그렇기 때문에 우리는 피해자의 입장이나 기분을 알 수 있습니다. 마음을 담아 '미안하다'고 말하는지, 사실은 자신은 잘못을 한 것이 없다고 생각하고 있고 말로만 사과하는지는 같은 인간으로서 금방 알 수 있습니다.

1998년 당시 오부치 게이조(小淵惠三) 총리는 "식민지 지배로 다대한 손해와 고통을 주었다는 역사적 사실"에 대해 "뼈저린 반성과 마음으로부터의 사죄(痛切な反省と 心からのお詫び)"를 언급했습니다. 그런데 그 뒤 일본군 위안부 문제는 없었다고 주장하면서 야스쿠니 신사(靖国 神社)에서 공공연히 참배하는 국회의원이 나타나고, "뼈

저린 반성과 마음으로부터의 사죄"는 말뿐이었음이 판명되었습니다. 이러한 바탕에는 아직도 '조선인·한국인 멸시'라는 뿌리 깊은 의식이 작용하고 있다고 말하지 않을 수 없습니다.

과연 일본은 과거의 침략 전쟁을 나쁜 것으로 인식하고 있을까요?

과연 일본인은 진심으로 사과했을까요?

사과를 할 때에는 변명을 앞세워서는 안 됩니다. 나쁜 것은 나쁜 것이었다고 인정하는 것이 중요합니다. 어떠한 변명도 피해자의 마음을 누그러뜨릴 수 없습니다. 변명을 하는 마음은 "그러니까 그땐 어쩔 수 없는 경우였지, 나는 나쁘지 않았다."라고 말하는 것과 다름없습니다. 사과를 할 때에는 변명을 하지 말고, 나쁜 일은 나쁜 것으로 인정하고 사과해야 합니다. 상대도 사람이기 때문에 용서를 구하는 사람에게 언제까지나 용서하지 않고 미워하는 것은 불가능합니다. 피해자는 반드시 용서할 마음을 품게 됩니다. 이를 바탕으로 사람이 사는 사회가 성립되어 있습니다. 일본이 가해자였던 것은 모든 사람이 인정할 수밖에 없는 사실입니다. 일본인들은 그것을 인정해야 합니다.

일본인 중에도 슬퍼하는 사람들이 있다

　일본과 한반도의 과거 역사를 알면 누구나 일본에 잘못이 있다는 것을 금방 이해할 수 있습니다. 만약 그래도 잘못이 있다는 것을 인정하지 않는 사람이 있다면, 그것은 본인 마음의 문제라고 생각합니다. 즉, 그것은 '조선인·한국인 멸시'라는 심리학적 문제입니다. 어릴 때부터 그런 환경에서 자랐다면 혹은 부모가 그런 멸시의 감정을 가지고 아이를 키웠다면 그 아이는 멸시하는 아이로 자랍니다. 그것이 바로 근본적인 원인입니다. 많은 경우 '조선인·한국인 멸시'를 가지고 있는 부모 또한 그들의 부모로부터 그렇게 교육을 받아 세뇌된 것으로 생각됩니다.

그러나 모든 일본인이 그러한 특정 민족에 대한 멸시 혹은 차별의 마음을 가지고 있다고는 생각하지도 않습니다. 서두에서 말했듯이 모든 인간이 차별의 마음을 가지고 있지만 그것은 자신을 사랑하는 본능적인 것이며 계속 인간으로 지내기 위해서는 또한 필요한 것이기도 합니다. 다만 잘못된 차별은 교육을 통해 바로잡아 나갈 수 있습니다. 차별(구별)의 심리는 질투하는 심리와 마찬가지로 인간에게는 필요한 것입니다. 따라서 무엇이 나쁜 차별이고 무엇이 나쁜 질투인지 교육을 통해 개선해 나가야 합니다. 그것은 바로 '사람을 죽여서는 안 된다' 혹은 '도둑질 하면 안 된다'는 것을 알려주는 것과 같은 것입니다.

　　《아사히신문》의 2019년 여론 조사를 보면, 70세 이상 고령자의 41%는 "한국이 싫다."라고 응답하고 있습니다. 그러나 18세에서부터 29세까지 젊은 사람들은 "싫다."라고 하는 사람이 불과 13%입니다. 30대부터 60대까지 세대는 연령에 따라 조금씩 감소하고 있습니다. 즉, 근래의 일본인들은 한국인 멸시 의식이 약해져 가고 있음을 보여주고 있습니다. 그만큼 "좋다."가 증가하고 있습니다.

그 배경에는 한국 이외의 여러 외국인이 일본의 일상에서 많아지고 있다는 것, 즉 세계화가 진행되고 있다는 것과 관계가 있다고 생각합니다. 필자는 고령자입니다만, 동년배들 중에서도 역사 인식에 있어서 사실에 근거하여 이해하고 있는 사람들이 많습니다. 그런 사람들은 일본인이 과거의 역사를 있는 그대로 이해하기를 기대하고 있다고 생각합니다. 바꾸어 말하면, 현재의 한일 관계 악화는 역사에 대한 왜곡된 이해에서 비롯된 불행한 일이라는 인식을 하고 있다는 것입니다.

넓은 시야로 봤을 때, 밀려오는 글로벌화가 한일 관계 개선의 가장 큰 요인이 되고 있습니다. 이것은 기뻐해야 할 면과 슬퍼해야 할 면을 모두 가지고 있습니다. 슬퍼해야 할 면은 일본이 역사적 사실을 덮어 버리고 한국에 사죄를 하지 않은 채 지나쳐 버릴 우려가 있다는 것입니다. 그것은 일본의 장래에 또 다른 화근을 남길 불행한 일이라고 생각합니다. 무엇이 선이고 악인지 덮어 버리는 것은 인간 사회 속에서 용납될 수 있는 일이 아니기 때문입니다. 일본은 섬나라이며 자기 안에서 합리화하고 끝내려는 습성이 있습니다. 뒤집어 말하면, 국제 사회로부터 고립되어 버릴 위험이 있다는 것입니다. 이 일을 우려하는 사람들이 많아도 그 사람들의 목소리는 섬나라 안에서 억눌리고 있습니다. 그것을 막으려는 소수의 사람들이 있습니다.

2019년 8월, 일본 경제산업성이 한국을 수출 심사 우대국(이른바 화이트 국가)에서 제외하려고 의견 공모(public comment)를 진행했을 때, 4만여 건의 찬성 의견이 있었다고 보도되었습니다. 필자는 이 배후에 한국인 멸시를 하는 일본인 집단이 여전히 잠재되어 있음을 봤습니다.

그러나 일본인 대부분은 한국과 우호적인 관계를 갖고 싶어 한다고 생각합니다. 옳은 것을 옳다고 하고 틀린 것을 틀렸다고 하는, 인간 본래의 길로 돌아가야 하지 않을까요?

일곱 번째 해 밀물과 썰물

  옛날 일본 사람들은 곧잘 "일곱 번째 해 밀물과 썰물"란 말을 쓰곤 했습니다. 오른쪽으로 흔들리거나 왼쪽으로 흔들리거나 혹은 좋은 일이 있거나 나쁜 일이 있는 삶의 변화를 나타내는 말입니다. 이 옛말로 한일 관계에 대해 말할 수 있을 것 같습니다. 서로의 관계가 안 좋은 시기가 더 많았겠지만 좋은 시기도 있었습니다. 특히 근래는 좋은 때가 현저하게 있었습니다. 그러나 그것은 일종의 유행과도 같은 현상이었다고 생각됩니다. 사실에 바탕을 둔 공통의 역사 인식이 없었기 때문에 잠시뿐인 현상에 불과했습니다. 게다가 진심 어린 사과가 없었습니다. 그러니 또다시 싸움이 시작되는 것입니다.

어둡고 힘든 길을 지나온 한국은 지금 세계의 지표가 되어 가고 있습니다. 일본도 전후 한때 고생했지만 그것은 주로 경제적인 고생이었습니다. 한국의 고생은 경제적 어려움뿐만 아니라 정신적인 역경의 세월이었습니다. 그것도 이만저만한 고생이 아니라 국가적 환란의 시기를 지내온 고통이었습니다. 이 기나긴 환란을 통해 한국 국민들은 "우리나라가 세계를 바꾸자."라는 숭고한 이상을 갖기에 이르고 있습니다.

이러한 이상을 추구하는 싸움은 아직 계속되고 있지만, 한반도의 북측과 남측이 통일되면 그 일이 다른 나라들을 포함한 지구적인 희망의 이정표가 되어, 분쟁이 계속되고 있는 지역이나 국가에 좋은 희망이 될 것이 분명합니다. 일본과 한국의 고통에는 질적인 차이가 있습니다. 한국의 질적인 고통과 수고는 앞으로 세계 속에서 빛을 발하게 될 것이 틀림없습니다. 이러한 관점으로 한국을 다시 볼 필요가 있습니다. 한국은 뜻이 높은 나라입니다. 한일 관계의 핵심은 돈 문제가 아니라 마음의 문제입니다.

2019년에 갑자기 한일 관계에 찬바람이 불어 왔습니다. 큰 흐름 속에서 보면 하나의 역풍입니다. 왜 이 바람이 불었을까요? 그것은 인종차별 의식에 사로잡혀 사는 사람들의 마지막 발악이라고 생각합니다. 이러한 역풍이 언제까지 불 리는 없습니다. 한국은 우리로부터 불과 50km 정도밖에 떨어져 있지 않은 우리의 이웃입니다.

주

1. ヤン·C·ヨェルデン 編, 田村光彰他 訳, 『ヨーロッパの差別論』, 明石書店, 1999年, p. 214.

2. 『朝日新聞』, 二〇一九年 九月 一七日 朝刊.

3. 『中央日報』日本語版, 二〇一九年 一月 二二日.

4. 李鍾元·木宮正史·磯崎典世·浅羽祐樹著, 『戦後日韓関係史』, 有斐閣, 二〇一七年, 二一三頁.

5. 仲尾宏著, 『Q&A 在日韓国人, 朝鮮人問題の基礎知識』(第二版), 明石書店, 二〇〇三年, 九頁.

6. 深谷克己ほか二五名著作『中学社会 歴史』, 教育出版, 平成二八年, 一七四頁, 一七八頁.

7. 黒川みどり, 藤野豊著『差別の日本近現代史』, 岩波書店, 二〇一五年, 三二一三三頁. 他の参考文献, 趙景達「近代日本における朝鮮蔑視観の形成と朝鮮人の対応」, 三宅明正·山田賢編著『歴史の中の差別——「三国人」問題とは何か』, 日本経済評論社, 二〇〇一年, 六九一八一頁. 韓桂玉著『「征韓論」の系譜』, 三·一書房, 1996年, 三六頁, 二四七頁. 吉野誠著『明治維新と征韓論』, 明石書店, 2002年 등.

8. 역자 해설: 1703년 1월 30일 심야에 옛 주인 아사노 나가노리(浅野長矩)의 원수를 갚기 위하여 아코 한(赤穂藩), 오이시 요시오(大石良雄) 등 47명 사무라이들이 기라 요시히사(吉良義央)의 집에 습격해 기라 일가를 살해한 사건이 있었다. 그 사건을 소재로 한 작품이 '아코 47인 사무라이의 복수(赤穂四十七士の復讐)'이다.

9. 역자 해설: 일본의 거의 모든 가정은 불교 사원에 소속되어 자신이 속한 불교 사원에다 죽음에 관련된 의례를 일임하고 있는데, 이를 단가제도(檀家制度)라고 한다. 사자의례를 중심으로 맺어진 불교 사원과 가정(혹은 개인) 사이는 대를 이어가는 지속적인 관계에 있기 때문에 그 영향력은 막대하다.

10. 역자 해설: 일본의 민요나 동요 등에서 자장가로 불리는 노래에는 본래의 자장가와 아기를 돌보며 부르는 자장가가 있다. 이 '이츠키 자장가'는 아기를 돌보며 부르는 자장가 중 하나이다. 한 소녀가 자신의 불행한 처지 등을 가사

에 담아 아이에게 들려주면서 스스로를 위로하는 노래라고 할 수 있다.

11. 仲尾宏著, 前掲書, 一一頁.

12. 仲尾宏著, 前掲書, 一〇頁.

13. 君島和彦編, 『近代の日本と朝鮮 ―「された側」からの視点』, 東京堂出版, 二〇一四年, 八二頁.

14. 深谷克己ほか二五名著作, 前掲書, 一八〇頁.

15. 朴慶植著, 『朝鮮三・一独立運動』, 平凡社, 1974年, 一〇二頁.

16. 有田和正, 石弘光他著作『小学社会六上』, 教育出版, 平成三〇年, 一一一頁.

17. 深谷克己ほか二五名著作, 前掲書 二〇二頁.

18. 仲尾宏著, 同上, 一四七頁.

19. 仲尾宏著, 同上, 一八五頁.

20. 李光洙著, 『天主教徒の殉教をみて』『李光洙全集』第一七巻, 三中堂, ソウル, 一九六二年, 四六三頁.

21. 閔庚培著, 『韓国キリスト教会史』金忠一訳, 新教出版社, 一九八一年, 一〇九頁.

22. 同上, 三九九頁.

23. テルトゥリアヌス, 『護教論(アポロゲティクス)』鈴木一郎訳, 『キリスト教教父著作集一四』, 教文館, 一九八七年, 一一七―一一八頁.

24. 역자 해설: 과거 제도는 고려 시대부터 시행되었다.

25. 鈴木崇巨著『韓国はなぜキリスト教国になったか』, 春秋社, 二〇一二年, 一〇六頁, 一一五頁.

26. 仲尾宏著, 前掲書, 一一頁.

27. 岡本雅享監修・編著者, 『日本の民族差別 ― 人種差別撤廃条約からみた課題』, 明石書店, 二〇〇五年, 七二―七五頁.

28. 鈴木崇巨著, 『韓国はなぜキリスト教国になったか』, 春秋社, 二〇一二年, 一〇六頁, 一一五頁.

29. 『朝日新聞』二〇一九年, 一二月4日号, 朝刊.

덧붙이는 글

짧은 시간에 정리한 책이라서 부족한 점이나 불충분한 부분도 많이 있습니다. 앞서 낸 『한국은 어떻게 기독교 국가가 되었는가』(춘추사, 2012년)라는 책 발간으로부터 긴 시간이 흐르지 않았기 때문에 그때의 자료도 인용하고 있습니다. 전작도 참고해 주시면 감사하겠습니다.

한국 관련 서적이 매우 많이 있음에도 불구하고, 잘 알려진 책은 결코 많지 않습니다. 특히 패전 직후에 나온 많은 책들은 한반도 출신자들의 생생한 소리를 들을 수 있습니다. 그러나 이러한 책들은 관계자들의 책꽂이에 있을 뿐 일반 도서관에는 없습니다. 다행히 필자는 재일 한국인들이 모이는 교회와 친분이 있어서 세상에 출판되지 않은 서적들을 읽을 수 있었습니다. 그러한 책들이 큰 힘이 되었기에 감사를 드립니다.

가깝게 지내는 한국계 친구들에게 감사합니다.

정독해 주신 재일대한기독교회 시나가와교회(品川教
会) 강장식 목사에게도 진심으로 감사를 드립니다.
또한 이 책을 출판해 주신 춘추사의 고바야시 코오지(小
林公二) 님께도 감사를 드립니다.

당신은 한국을 아십니까
또 하나의 한국론

초판 1쇄 발행 2022년 5월 16일
지은이 스즈키 다카히로
옮긴이 강장식

펴낸이 김선기
펴낸곳 ㈜푸른길
출판등록 1996년 4월 12일 제16-1292호
주소 08377) 서울시 구로구 디지털로 33길 48 대륭포스트타워 7차 1008호
전화 02-523-2907, 6942-9570~2
팩스 02-523-2951
이메일 purungilbook@naver.com
홈페이지 www.purungil.co.kr

ISBN 978-89-6291-961-5 03340